## CONTENT

Cuidando da Saúde Emocional
de Nossos Filhos
@2020 by Ellem Possmozer
Todos os direitos reservados
ISBN: 9798675045662
Manufactured in
The United States of America

## ART DIRECTOR

Giovana Bartholazzi
www.bartthe.com

# Dedicatória

Dedico esse livro à meus filhos – Kevin e Kaleb. Meus meninos!

Ser mãe de vocês tem sido uma jornada de constantes mudanças, ensinamentos e crescimento.

Com vocês, eu me tornei mais forte, mais humana, mais paciente e mais amiga.

Por vocês, o sacrifício vale à pena e as conquistas fazem sentido.

Eu cresço com o crescimento de vocês, eu me alegro com a alegria de vocês.

Antes de me interessar pela psicologia e obter formação na área, eu aprendi o que é ser mãe, e essa escola tem me ensinado que essa é a maior conquista de todas.

Não há recompensa maior que essa – a de ser mãe!

Love you both!

# Índice

- Faça de sua casa um lugar seguro
- Comunicação
- Seja firme e use disciplina
- Métodos de disciplina
- Métodos diferentes para filhos diferentes
- Não tenha preferência por filhos

## FILHOS DE PAIS SEPARADOS

- Faça as pazes com o pai (mãe) do seu filho
- Seu filho não tem a culpa
- Seja sábio em suas palavras e comportamento
- Seja um agente do bem
- Tenham tempo juntos
- Quando você desiste, seu filho desiste
- Planeje
- Tenha respeito por quem um dia você se relacionou
- Não brigue na frente de seus filhos
- Preze pela harmonia
- Pais separados, rotinas diferentes, casas diferentes

## RECONHECENDO QUE MEU FILHO É UM SER COMPOSTO DE EMOÇÕES

- Tempo
- Informação
- Livros que abordam emoções que os pais podem ler com seus filhos
- A importância de ajudar seu filho a lidar com emoções

- Como educar sem dizer a palavra NÃO!
- Os benefícios de educar sem dizer NÃO
- O que você pode dizer para uma criança que está chorando
- Todo extremo revela uma falta
- Usando palavras de afirmação
- Não grite com seu filho
- Linguagens de amor
- Desenvolvendo Inteligência Emocional na Criança

## DOENÇAS MENTAIS, COMPORTAMENTAIS E EMOCIONAIS

- Distúrbios Mentais mais comuns
- Como identificar doenças mentais
- Distúrbios Comportamentais
- Como identificar distúrbios comportamentais
- Distúrbios Emocionais
- Como identificar distúrbios emocionais

## LIDANDO COM TRAUMAS

- O que é trauma?
- O que são traumas na infância?
- O que são eventos traumáticos?
- Quais são os sinais de uma criança traumatizada
- Como lidar com os traumas
- Consequências de traumas não resolvidos

# INTRODUÇÃO

Meu filho tem sentimentos? Meu filho tem emoções? Meu filho se magoa? Meu filho precisa de atenção?
Perguntas tais como essas são feitas a mim todos os dias por pais que desconhecem a área emocional de seus filhos.

A resposta é: Sim! Seu filho é ser humano, portanto, ele sente, se magoa, chora e precisa de cuidados com sua saúde emocional. Seu filho precisa não só precisa de correção, mas de instrução e também de suporte.

Seu filho é um indivíduo e desde o segundo que chegou ao mundo ele já está registrando cada percepção, cada comportamento, cada palavra e estímulo que ele recebe de você e de todos os outros que fazem parte de sua existência.

Em vista disso, é importante ter conhecimento da área emocional da vida de seu filho, pois quanto mais cedo você se interar, melhor será não só para você, mas principalmente para ele.

Esse livro abordará temas que compõem a área emocional de seu filho, como lidar com elas e como ajudá-lo a lidar com suas próprias emoções e possíveis dificuldades que ele venha enfrentar nessa área.

Você, pai ou responsável pela vida de um indivíduo em desenvolvimento precisa estar equipado e preparado nessa área, não só porque ela é uma área importante, mas também porque você é a pessoa mais próxima e de mais influência na vida de seu filho.

Se você não souber lidar com suas próprias emoções, você também não saberá lidar com as de seu filho, e logo, não saberá ajudá-lo, e possivelmente terá problemas.

Portanto, para que esse tipo de problemas sejam evitados, você precisará buscar instruções e as colocar em prática. Com isso em mente, desenvolvi esse material para trazer até você temas específicos que irão te ajudar nessa área, que te trará conhecimento e exercícios práticos que você poderá aplicar em você mesmo e na vida de seu filho.

Entendendo que, a informação por si só não terá algum efeito se você não colocá-la em prática. Todas as informações compartilhadas aqui são frutos de experiência em atendimentos psicoterapêuticos infantil e familiar, e pesquisas sobre o tema.

O que você lerá aqui é comprovado funcionar. Então, faça uso desse material, coloque ele em prática, e eu lhe asseguro que você verá resultados.

Outro dia eu li a seguinte frase: "Não há possibilidade de educar filhos sem investir tempo" e achei essa frase ser extremamente verdadeira e propícia aos nosso dias.

Dê prioridade, atenção, e invista no que é importante para você, e você verá como o relacionamento com seu filho irá melhorar.

# CAPÍTULO 1

# MEU FILHO É UM INDIVÍDUO EM DESENVOLVIMENTO

Eu não me canso de dizer isso para todos os pais que eu aconselho e trato em terapias de família. Seu filho está em desenvolvimento e aprendizado constante, por isso tudo que você fala, faz, não faz, omite e não toma como responsabilidade, está sendo estimulado em seu filho, e ele irá repetir tudo, absolutamente tudo que você faz.

Por isso, você precisa tomar muito cuidado com a forma que está vivendo sua própria vida, e como está criando seus filhos. Você é um modelo para eles, eles estão te copiando a todo instante.

O que mais ouço é o seguinte: "Meu filho grita muito, e eu não consigo fazer com que ele pare." E eu faço a seguinte pergunta: "E você, está gritando com ele?" E na maioria das vezes os pais são honestos e só com o olhar já revelam que estão gritando com os filhos, mas ao mesmo tempo não sabem porque os filhos estão gritando. E eu, dou a seguinte resposta: "O motivo pelo qual seu filho está gritando é você estar gritando também." E os pais ficam chocados, e alguns Ainda dizem assim: "Mas eles sabem que não podem gritar, eu sempre digo que não pode ou peço para que eles não gritem." E aí é que está o grande problema, eles pedem, exigem mas fazem exatamente o contrário. E isso, nunca vai funcionar. O exemplo sempre será mais forte que a palavra. Portanto, se você também passa por esse problema e quer muito a solução dele, pare de fazer aquilo que você quer que seu filho não faça. Se você não gosta de grito, não grite. Se você quer silêncio, faça silêncio. Se você quer respeito, respeite também. Acredite, funciona!

Quando você entende que seu filho está de olho em você, você se policia mais, se vigia mais e tem mais responsabilidade no que fala e faz.

## A IMPORTÂNCIA DE ENTENDER SOBRE O DESENVOLVIMENTO EMOCIONAL DE SEU FILHO

O desenvolvimento emocional de uma criança dá à elas uma consciência da origem de suas emoções e como gerenciá-las.

Elas começam a fazer a leitura das expressões faciais das pessoas e consegue interpretar essas emoções no contexto social que estão inseridas.

## COMPREENSÃO EMOCIONAL

A compreensão é extremamente importante na saúde emocional de nossos filhos. A partir dessa compreensão as crianças começam a ter seus próprios desejos e necessidades.

A perspectiva emocional de cada criança está ligada à reação dos pais e também a cultura na qual crescem.

Tanto os pais quanto a cultura proporcionam regras para expressar essas emoções. A junção do estilo de criação e cultura fazem o papel de ensinar e modelar a compreensão das emoções e a forma com que elas serão expressadas.

A intensidade, inibição e persistência da expressão das emoções em nossos filhos vem da compreensão que eles tem da mesma.

## A REGULAÇÃO EMOCIONAL

Cada um de nós, usamos emoções como forma de contato com o mundo em que vivemos, com a nossa realidade.

Se por exemplo, você está no carro com seu filho e passa em um local para comprar algo para comer, em um fast food por exemplo, e a comida demora para ser feita e você se exalta e age como se estivesse nervoso diante aquela demora, essa regulação emocional que você teve à espera da comida, será o mesmo que seu filho terá quando você se demorar além do normal para preparar algo para seu filho que te pediu algo para comer.

A reação dele será a mesma da sua quando ficou nervoso em esperar um pouco além do normal no restaurante fast food. Pois a sua regulação emocional, ou seja, a forma com que se expressou será modelo para que ele se expresse também.

## EMPATIA

O que é empatia? É a capacidade se colocar no lugar do outro para entender a situação emocional em que ele está. Uma criança só consegue ter empatia quando recebe empatia. Ou seja, quando ela conseguir sua própria compreensão emocional, a compreensão emocional dos outros e a capacidade de regular suas emoções.

Porque desenvolver a empatia em nossos filhos? Qual a importância? Estudos revelam que a empatia é um dos elementos para melhorar a qualidade de relações entre pais e filhos, e também habilidades interpessoais da criança.

Uma criança que desenvolve empatia, se importa mais com o outro, ajuda mais, coopera, e também é mais aceita socialmente. Uma criança que é mais aceita, também tem autoestima e também tem menos probabilidade de manifestar comportamentos agressivos.

Uma criança que desenvolveu empatia também possui mais autocontrole, ela ouve mais, e consegue controlar melhor suas reações diante as ameaças externas.

Confira a tabela abaixo, entitulada: "Empatia na Criança", por Carolina Arantes.

| O QUE AJUDA DESENVOLVER EMPATIA | O QUE NÃO AJUDA |
|---|---|
| **Limites** – Pais que mostram claramente os limites para os seus filhos, que explicam o porquê das regras e de suas ações e quais as consequências que os comportamentos da criança terão para ela e para o outro. | **Não dar instruções sobre como a criança deve se comportar e não mostrar as consequências para os seus comportamentos** – Dessa forma, a criança não saberá como deve agir perante o outro e a importância dos efeitos de seus comportamentos sobre o outro não será evidenciada. |
| **Interesse pelos sentimentos da criança / Compartilhar os próprios sentimentos** – Perguntar como o filho está se sentindo diante de determinada situação e expressar sua emoção ensina para a criança que os sentimentos do outro são importantes. | **Excesso de controle, rigidez e punição** – Desrespeita a criança, não ensina que o outro é importante e que deve ser bem tratado. Mostra para a criança que seus sentimentos não têm importância e que ela deve obedecer às regras impostas, independente de qualquer coisa. Afasta a criança. |
| **Liberdade para expressar emoções** – respeitar o direito da criança de expressar seus sentimentos quando não concordam com alguma coisa. Isso não significa que os pais têm que ceder às vontades dos filhos. Uma coisa é obedecer, outra é gostar. A criança tem o direito de não se sentir feliz com uma regra (e expressar isso), mesmo que a obedeça. | **Negligência e Frieza emocional** – Gera o distanciamento da criança, não estimula o interesse pelo outro. Compromete a autoestima e autoconfiança, o que irá atrapalhar a sua aproximação de outras pessoas. |

| O QUE AJUDA DESENVOLVER EMPATIA | O QUE NÃO AJUDA |
| --- | --- |
| **Auxílio para solucionar problemas** – Os pais ajudam os filhos a encontrar a melhor solução para um problema, sem dizer diretamente o que ele deve ou não fazer. Os pais analisam a situação-problema junto com a criança, considerando os seus sentimentos e, junto com a ela, pensam em formas possíveis de superar o obstáculo. | **Punição Física** – Ensina que a violência e agressividade são formas de solucionar problemas e de se relacionar com os outros. |
| **Demonstrações e trocas de carinho** – Faz com que a criança sinta-se amada e que ela entenda que o outro é alguém que deve ser tratado de maneira especial. Estimula a expressão dos sentimentos. Ensina para a criança como ser carinhosa e agradável. | |
| **Expressar emoções negativas de forma moderada** – Não tem problema os pais demonstrarem seus sentimentos de sofrimento, desde que façam isso de uma forma que não desestabilize a criança. Na verdade isso é muito importante, pois colabora para a sensibilização da criança para o sofrimento alheio. | |
| **Elogio** – Faz com que a criança se sinta especial e querida. Ensina a criança a se atentar para os comportamentos e características positivas do outro e elogiá-lo também. | |

# CADA CRIANÇA DESENVOLVE-SE EM TEMPO DIFERENTE

Em atendimentos eu ouço muitos pais fazerem comparações de seus filhos com outras crianças; e isso não é saudável. É necessário entender que cada criança tem um tempo específico para se desenvolver; portanto, evite comparações.

Penso que é importante abordar aqui as fases e estágios do desenvolvimento emocional da criança, para que entendamos o que esperar dentro da norma.

Confira as fases do desenvolvimento emocional de uma criança por Jessica Bianchie (26 de abril de 2019.)

### 1- Primeiro Estágio (0 – 1 ano):

Nesta fase o bebê desenvolve sua capacidade de confiar ou não nas pessoas, o que também refletirá na confiança em si mesmo. A principal relação é entre o bebê e o cuidador, sendo que ele irá sentir se o cuidador satisfazer suas necessidades em um espaço de tempo suportável, para que conviva com pequenas e toleráveis frustrações para sua idade.

**Positiva:** Confiança

O cuidador consegue equilibrar e atender as necessidades no tempo suportável, o bebê sente que o mundo é bom, real e confiável. Ele sente-se capacitado.

**Negativa:** Desconfiança

O cuidador demora para responder as necessidades ou atende a todas as solicitações do bebê de imediato. A percepção de mundo que ele irá construir não o corresponde e o bebê sente-se incapaz.

### 2 – Segundo Estágio (1 – 3 anos):

Período em que a criança vai tornando-se independente, ocorrendo o desmame, o desfralde e o início da locomoção. A criança passa por uma fase de grande exploração e busca pela autonomia, começando também a reconhecer e incorporar regras sociais.

**Positiva:** Autonomia

Os pais fornecem o grau certo de autonomia à criança, oferecendo tarefas que ela é capaz de realizar sozinha ou com algum auxílio. A criança desenvolve uma aceitação do controle social (privilégios, obrigações e limitações) e uma capacidade de julgamento.

**Negativa:** Vergonha

Pais podem usar a autoridade de forma a deixar a criança envergonhada constantemente, estimulando a dissimulação ou a dúvida de suas capacidades.

Se a criança é pouco exigida, ela tem uma sensação de abandono. Se ela é muito exigida, não consegue dar conta e sua autoestima pode baixar.

### 3- Terceiro Estágio (3 – 6 anos):

Fase das perguntas e da construção de sua identidade como menino e menina, apresentando uma busca por esclarecimentos.

É muito comum os pais sentirem-se desconfortáveis e angustiados com perguntas feitas pelos filhos, porém a melhor forma de lidar com este aspecto é ouvir claramente a pergunta da criança e responder de acordo com o que foi perguntado. Quando ficamos angustiados com o tema podemos não responder ou falar mais informações do que ela está querendo de saber. A forma como a pergunta é feita mostra qual a capacidade dela em compreender e receber a resposta.

**Positiva:** Iniciativa

As tarefas oferecidas são alcançáveis, as perguntas são esclarecidas e estimuladas, gerando na criança um desempenho ligado à ansiedade de aprender e aumento de sua responsabilidade.

**Negativa:** Culpa

São oferecidas metas impossíveis, tendo objetivos além de suas capacidades. As perguntas que ela faz são rejeitadas ou ridicularizadas, a criança buscará conter essa carga de energia.

### 4- Quarto estágio (6 – 12 anos):

Nesta fases, o desenvolvimento positivo dos estágios anteriores tem especial relevância, pois sem confiança, autonomia e iniciativa, a criança não poderá afirmar-se nem sentir-se capaz.

Com o início da dinâmica escolar, a criança precisa sentir-se

integrada neste contexto, sendo um momento de novos relacionamentos interpessoais importantes. É fundamental uma boa troca
entre criança, escola e pais.

**Positiva:** Produtividade/Competência
A criança sente-se uma pessoa trabalhadora, com capacidade
de produzir e com sentimento de competência.

**Negativa:** Inferioridade
O sentimento de inferioridade pode levar a dificuldades cog-
nitivas, e atitudes regressivas, conforme existe uma descrença de
suas capacidades.

## COMO AJUDAR O DESENVOLVIMENTO DO SEU FILHO

Suporte, comunicação, positividade, paciência são fatores ne-
cessários para um pai ajudar o filho que está em desenvolvimento.
Além de suporte, é importante que o pai identifique se existe
alguma área no desenvolvimento da criança que precisa de auxílio
e buscar a devida ajuda.
Se seu filho apresenta algum sinal que demonstra algum tipo
de atraso ou dificuldade, é muito importante que você fale com seu
médico pediatra a respeito disso, para que devidos exames sejam
feitos que venham confirmar ou anular algum tipo de diagnóstico.
Mais uma vez, é importante lembrar que cada criança se desenvolve em seu próprio ritmo e tempo; portanto evite apontar
dificuldades como atrasos ou até mesmo defeitos no seu filho.

## DIFERENÇA DE MENINOS PARA MENINAS

Precisamos entender a diferença entre meninos e meninas,
pois muitas coisas em seu desenvolvimento se diferenciam, e nós
como pais, precisamos saber!
Leia o que esse texto entitulado "Diferenças de desenvolvimento entre meninos e meninas", publicado pelo site Brasil Baby
Center, tem a dizer:
"Já se sabe, por exemplo, que existem diferenças físicas entre
o cérebro de meninos e meninas tanto ao nascerem como ao cres-
cerem. Mas, pelo menos por enquanto, ainda é um mistério como

essas diferenças afetam comportamento, personalidade e preferências.

Os cientistas dizem que provavelmente haja uma região no cérebro que leva muitos meninos a gostarem de tudo o que se move, e muitas meninas a adorarem tudo o que precisa ser cuidado, porém tal área ainda não foi identificada.

Leve em conta, contudo, que tanto as variações físicas como as mentais e emocionais entre as próprias meninas e entre os próprios meninos são enormes. Cada criança é única e se desenvolve em um ritmo único."

Quando uma criança completa 3 anos de idade, ela já começa a ter a percepção de sua identidade sexual, e partir daí já começam a fazer escolhas por brinquedos que sejam apropriadas para seu gênero.

O desenvolvimento físico também se diferencia. Meninas, por exemplo, se desenvolvem e as diferenças são marcantes a partir de 12 e 13 anos, já os meninos apresentam essas diferenças alguns anos depois.

A coordenação motora também se diferencia entre meninos e meninos. Os meninos, por exemplo, podem desenvolver a coordenação motora ampla mais cedo e isso lhes dá a habilidade de correr, pular... e as meninas já desenvolvem a coordenação motora fina mais cedo, que lhes dá a habilidade de segurar um lápis, um pincel e desenhar.

Há diferenças também na habilidade verbal. Meninos demoram mais para falar, e meninas se sobressaem na leitura de sinais não verbais, como expressão fácil, tom de voz, e conseguem se comunicar mais facilmente que os meninos.

O desfraldamento também acontece mais cedo com as meninas, e meninas também tendem a fazer menos xixi na cama que os meninos.

Meninas também tem uma maior consideração emocional e social que meninos. Meninas conseguem desenvolver multitarefas, mas os meninos são mais destemidos, são mais físicos do que verbais.

A puberdade também chega um ano mais cedo para as meninas. Portanto, é importante que o pai saiba dessas diferenças para que conheçam seus filhos de uma melhor maneira, e consequentemente saibam lidar melhor com eles também.

## A IMPORTÂNCIA DE TRABALHAR A SAÚDE EMOCIONAL DE SEU FILHO

Uma criança que cresce emocionalmente saudável conseguirá lidar com possíveis dificuldades que venham acontecer.

E para criar um filho com saúde emocional, é necessário ensiná-lo sobre suas emoções, para que ele venha interpretá-la e expressá-la.

Por isso, a comunicação é tão importante entre pai e filho, pois é através do diálogo que o ensinamento vem.

A criança que é bem orientada saberá enfrentar desafios na adolescência e na vida adulta. Quando a criança consegue se expressar, ela interage melhor com o mundo à sua volta, lida com frustrações com mais facilidade e consegue se adaptar à mudanças mais facilmente.

### INTEGRAÇÃO SOCIAL

Integrar seu filho na comunidade onde ele mora também é uma forma de ajudá-lo à desenvolver sua saúde emocional. Seja um esporte, um grupo religioso, ou alguma atividade voluntária, na qual ele terá contato com outras crianças de sua idade, se socializar, aprender a conviver com outras crianças de outras culturas, lidar com diferenças; podem aumentar a capacidade de adaptação social, e contribuir para o amadurecimento emocional.

### ASPECTO ESPIRITUAL

É importantíssimo falar com seu filho sobre a sua origem; de onde ele veio e quem o criou, para que ele venha entender seu propósito de vida.

Isso o ajudará a fazer sentido de sua existência, e isso tem um grande peso para ele. Algumas crianças tem uma grande sensibilidade espiritual, e logo cedo já buscam suprir essa área e alimentá-la.

Meu filho de seis anos, por exemplo, é muito sensível, e desde sua infância eu vejo o quanto ele se conecta com Deus a todo tempo e o quanto ele é sensível ao mundo espiritual.

É importante que você conduza seu filho a ter um encontro

pessoal com o seu criador, para que ele o conheça e tenha um relacionamento com ele.

Outro dia, eu comprei um livro para meu filho que fala sobre como ouvir a voz de Deus, e ao ler esse livro pra ele, ele ficou fascinado, e muito interessado em descobrir como ouvir a voz de Deus.

Assim que terminei de ler o livro pra ele, ele me perguntou como ele poderia ouvir a voz de Deus, pois ele estava ansioso para ouvi-lo. Então, eu conversei com ele sobre as formas de ouvi-lo. E quando eu disse que quando nos comportamos de maneira correta é uma maneira de manifestarmos o que Deus quer de nós, ele começou a mencionar isso todas as vezes que eu pedia algo para ele fazer; e dizia que ele queria obedecer sempre pois isso significa que ele está ouvindo a voz de Deus.

Portanto, o aspecto espiritual o ajudou em se comportar e obedecer regras. A espiritualidade é uma área na vida de cada ser humano que precisa ser ativada, preenchida e entendida; pois cada ser humano tem sede por entender sua origem e seu propósito de vida.

## ALIMENTAÇÃO

De acordo com um artigo chamado "Alimentação" publicado pela República Portuguesa, aborda o seguinte:

A alimentação tem particular importância para o bem-estar físico e é conhecida a influência na prevenção de doenças crônicas, como na doença cardiovascular, a doença oncológica, a obesidade e a diabetes.

Até há poucos anos a importância da alimentação na saúde mental estava relacionada com as consequências cerebrais que se encontravam nas pessoas com grandes deficiências em certos nutrientes.

Hoje em dia existe evidência de que alterações mais subtis dos nutrientes obtidos através da alimentação devem ser consideradas na apreciação da saúde neurológica e emocional, em particular na depressão.

O funcionamento cerebral está dependente de aminoácidos, gorduras, vitaminas e minerais, pelo que os nutrientes têm uma influência muito importante no funcionamento intelectual e na saúde mental.

Os hábitos alimentares influenciam o sistema imune, limitando ou contribuindo para diferentes graus de inflamação, de defesas com antioxidantes e nos fatores que influenciam a plasticidade do cérebro.

Existem estudos realizados em diferentes populações, que mostram que os hábitos alimentares saudáveis, habitualmente associados a tradições locais, estão associados a menor risco de sintomas de depressão, ansiedade e dificuldades intelectuais.

Também a alimentação dos recém-nascidos parece influenciar o desempenho escolar.

A alimentação tradicional tem mostrado ter uma influência benéfica no humor, no funcionamento intelectual e na fadiga.

De acordo com diferentes estudos verifica-se que a alimentação que se tem desenvolvido nos últimos anos nos países ocidentais (fast-food) parece estar associada a um desenvolvimento intelectual abaixo do desejável e ao mesmo tempo parece ser utilizada pelas pessoas como uma forma de compensarem o stress.

Mais recentemente o estudo da influência da alimentação no desenvolvimento das doenças mentais, também elas provocadas por fatores genéticos e ambientais tem surgido como motivo de grande interesse.

## LIVROS QUE ENSINAM SOBRE SAÚDE EMOCIONAL

Eu gostaria de compartilhar com vocês uma série de livros que já li sobre saúde emocional que lhe ajudarão nessa jornada com seu filho.

Eu sempre digo aos pais que a única forma de crescer é investir em conhecimento, e para isso, você precisará estudar sobre o assunto, ler sobre o assunto, gastar tempo e fazer investimentos.

Então aqui estão alguns livros que te acrescentarão muito nessa área.

**- As 5 linguagens do amor para crianças, por Gary Chapman e Ross Campbell:** Esse livro fala que existem linguagens de amor diferentes nas quais usamos para expressarmos e recebermos amor, de uma forma específica. E que cada criança possui uma linguagem, que quando identificada, o pai pode usá-la para expressar amor através dela, melhorando a comunicação e rela-

24

cionamento com seu filho.

- **Inteligência Emocional e a arte de educar nossos filhos, por Daniel Goleman:** Esse livro menciona casos concretos e o autor fala de 5 passos que você precisa saber para a formação emocional de seu filho em cada idade.

- **O cérebro da criança, por Dr. Daniel J. Siegel e Dra. Tina Payne Bryson:** Esse livro aborda 12 estratégias que o autor considera como chaves para o desenvolvimento saudável do cérebro de seu filho, para que você crie seus filhos mais felizes e mais calmos. Aqui, o autor fala como é possível aplicar práticas que podem ajudar seu filho com o mau humor, birras e problemas do cotidiano da família.

- **Pastoreando o coração da criança, por Tedd Tripp:** Esse livro faz uma abordagem cristã e trás ensinamentos à luz da palavra de como educar nossos filhos, como entendê-los e pastoreá-los no caminho da vida. Esse livro ensina os pais à entender o comportamento da criança a partir do que está em seus corações; e explica que tudo começa pelo coração.

- **Pais inteligentes formam sucessores, não herdeiros, por Augusto Cury:** Esse livro fala que pais não devem somente criar filhos somente para levarem uma herança de seus pais, mas também nossos valores. Aqui, o psiquiatra e psicoterapeuta aborda que os herdeiros gastam o que ganham e não se enriquecem, já os sucessores transformam o que aprenderam dos pais e constroem um legado.

- **Socorro, meu filho não tem limites, por Augusto Cury:** Esse livro ajuda os pais à educarem seus filhos de forma inteligente, saudável, e responsável; e a realidade de como muitos pais não sabem fazer isso. Ensina colocar limites, dialogar, e como acalmar seu filho ansioso e explosivo. Augusto Cury propõe uma educação inteligente na formação dos filhos. Ele ensina técnicas e soluções práticas e como o uso excessivo de jogos e eletrônicos fazem a criança ficar ainda mais ansiosa, não conseguindo realizar tarefas escolares ou colaborar com atividades domésticas.

**- 20 regras de ouro para educar filhos e alunos, por Augusto Cury:** Esse livro é um guia para pais e professores, e aborda 20 regras para pacificar a mente de nossos filhos, sem elevar a voz, não criticando excessivamente, e prevenindo uma intoxicação digital, dialogando com inteligência com seu filho.

**- Pais imaturos, filhos deprimidos e inseguros, por Tânia Queiroz:** Nesse livro a autora fala como os pais precisam criar filhos mais equilibrados, gentis, autoconfiantes, responsáveis, éticos e felizes. Ela aborda que as crianças estão lidando com um mundo tóxico e insano; e se tornam cada vez mais consumistas. E nesse livro, a autora fala com profundidade sobre a importância dos pais para se posicionarem na educação de seus filhos com mais amor e valor.

**- Já tentei de tudo, por Isabelle Filliozat:** Esse livro ensina os pais a lidarem com crianças de 1 a 5 anos, respaldado em pesquisas e estudo científicos e mostra aos pais que na maioria das vezes o comportamento difícil da criança é resultado de uma dificuldade de ser entendida, e fala para pais que acham que já tentaram de tudo e não obtiveram sucesso. E que podem tentar uma maneira diferente ao tentar entender seus filhos ao invés de repreendê-los. A autora fala que todo comportamento difícil de uma criança está ligado à suas emoções e necessidades; e que os pais precisam educar seus filhos com amor, buscando entendê-los melhor.

## PONTOS PARA SEREM FIXADOS – CAPÍTULO 1

1 – Se seu filho está gritando, você também está gritando.

2 – A perspectiva emocional de cada criança está ligada à reação dos pais e também a cultura na qual crescem.

3 – Cada um de nós, usamos emoções como forma de contato com o mundo em que vivemos, com a nossa realidade.

4 – Uma criança que cresce emocionalmente saudável conseguirá lidar com possíveis dificuldades que venham acontecer.

5 – Integração social e espiritual são importantes para o desenvolvimento emocional de seu filho

### EXERCÍCIO

• Registre seu filho para pertencer à um grupo de esporte ou grupo voluntário.

• Ajude seu filho à conectar-se com o mundo espiritual.

• Busque onde pode adquirir os livros citados neste capítulo.

### ANOTAÇÕES

_____

_____

_____

_____

_____

_____

_____

_____

_____

# CAPÍTULO 2
# SOU PAI (SOU MÃE), E AGORA?

Você acabou de receber a notícia, você será pai, ou será mãe! Que surpresa! Que maravilha! Que alegria! Pois bem. Parece até cedo demais pensar que esse ser que está sendo gerado tem sentimentos, não é mesmo? Pode até parecer, mas não é. Esse ser que está em desenvolvimento, já tem um cérebro que está sendo formado, e que está registrando cada estímulo e cada comportamento seu, pai e mãe.

Incrível, não é mesmo? Sim!

Um texto chamado "Desenvolvimento do cérebro do feto durante a gravidez" publicado pelo site Aripe, aborda o seguinte sobre o tema:

"*Provavelmente não é surpreendente que uma quantidade impressionante do desenvolvimento cerebral aconteça durante a gravidez. Afinal, uma parcela significativa do desenvolvimento em geral está ocorrendo em seu pequeno embrião. Esse desenvolvimento é a base da inteligência do seu bebê para o resto de sua vida.*"

Esse breve texto relata que o desenvolvimento do cérebro do bebê se da início desde a gravidez. Portanto, alguns fatores já estão sendo estabelecidos desde a gestação.

Um outro texto chamado "O que o bebê sente dentro da barriga quando a mãe chora" publicado no site Pais e Filhos, explica como acontece a ligação emocional entre a mãe e o filho que você está sendo gerado:

"*Quando você está triste ou nervosa, libera hormônios que aumentam seu ritmo cardíaco. Isso é transmitido para o bebê e pode também alterar a pressão arterial do seu filho. Então, ele sente os efeitos físicos do choro. Afinal, vocês estão conectados.*"

Ainda dentro desse contexto, eu segui pesquisando artigos que nos esclareçam sobre essa tema que muito precisamos nos inteirar. E esse próximo texto que vou compartilhar aqui tem como título "É isso que o bebê sente quando a mamãe chora de tristeza durante a gravidez" publicado no site da Revista Pazes e foi mencionado o seguinte:

"*O bebê pode sentir o estado psicológico da mãe. A placenta recebe os sinais hormonais derivados da tristeza à medida que o bebê cresce, recebe constantemente mensagens de sua mãe e estas não são apenas circunscritas para ouvir seu batimento cardíaco ou ouvir a música que sua mãe o coloca perto de sua barriga:*

vai além. *Nesse estágio, o bebê recebe sinais químicos através da placenta, que incluem o estado mental de sua mãe. Os hormônios que as mães produzem quando experimentam emoções passam pela placenta."*

Esses textos compartilhados acima nos ajudaram a entender como essa ligação entre mãe e filho que está sendo gerado ocorrem e como se da início desde o princípio.

Com isso, eu entendo que umas das precauções que devem ser tomadas desde o início é estar atento a área emocional de seu filho, e como palavras, atitudes, sentimentos e comportamentos estão sendo estimulados em nossos filhos desde o ventre.

Percebeu o grau de responsabilidade que você pai e mãe tem com a área emocional de seu filho? Percebeu o nível de influência que você exerce sobre ele? Percebeu que em você está o poder de exercer influencia positiva e negativa sobre seu filho?

Por esse motivo, você deve mesmo se perguntar: Sou pai, sou mãe, e agora? Pois em você está o poder de construir ou destruir a área emocional de seu filho. Você carrega essa responsabilidade. E se você decide fazer algo a respeito disso, você estará impactando a vida de seu filho de alguma forma, e se você decidir não fazer nada, você também estará causando um impacto. De uma forma ou de outra você está deixando uma marca. A diferença está no que você está fazendo, se isso está sendo positivo ou negativo.

E isso, estaremos abordando aqui nos capítulos seguintes. Então, tome seu assento, uma xícara de café e siga em frente com a leitura, pois eu tenho certeza que será muito proveitosa.

## ENTENDENDO O QUE É EDUCAR FILHOS

Um artigo chamado "Papel dos pais na educação: a dimensão emocional da formação", publicado pelo site Brasil Escola, aborda a seguinte explicação:

A palavra educação pode assumir diferentes significados. Entre eles, implica falar em hábitos e valores de determinada sociedade, em determinado momento histórico, que é transmitida para gerações posteriores. Além de ser algo da vida em sociedade, a educação também compreende o aprendizado das experiências individuais.

O processo educativo, ou a educação, pode ser ainda compreendido como o desenvolvimento intelectual, físico ou moral dos indivíduos com vistas à adaptação e à socialização. Para alguns autores, a educação pode ser dividida em: Educação Formal e Educação Não Formal. A primeira refere-se ao aprendizado escolar, que possui objetivos claros e específicos, amplamente conhecidos. Já a segunda compreende uma forma mais difusa de educação, com menos características hierárquicas. Assim, a educação não formal não pode ser entendida no sistema de progressão, já que não é algo sistematizado. Nos dias atuais, é difícil comparar as forças desses dois tipos de educação que, muitas vezes, agem em direções opostas: uma para formar e a outra para informar.

### O que é educar?

Nos sentidos da palavra educação que discutimos, educar pode compreender tanto o processo de transmissão de conhecimentos, hábitos e valores, como também criar condições para que o sujeito experiencie o mundo. Educar é acompanhar e influenciar, de alguma forma, o desenvolvimento da aprendizagem, das capacidades físicas e intelectuais.

### Os pais são educadores?

Alguns autores entendem que toda atuação familiar é educativa. Para exemplificar essa ideia, podemos usar o comportamento dos pais diante do comportamento dos filhos. A forma como os pais reagem ou não, ensina à criança as consequências de seu comportamento, mesmo que essa não seja a intenção. Os pais tem muita importância na educação dos filhos, pois são responsáveis por legitimar ou rechaçar conhecimentos e valores adquiridos pelas crianças no processo civilizatório. Exercem, portanto, importante mediação na relação da criança com o mundo.

### Qual é o papel dos pais na educação?

Independente da ação da uma vontade consciente, os pais estão sempre participando da educação de seus filhos; desde o começo da vida, quando o comportamento dos pais pode influenciar a forma como os filhos irão se relacionar com o mundo e com as pessoas. Um exemplo disso é a educação sexual, muitos pais acreditam que não influenciam o comportamento dos filhos, ou, que pelo contrário, tem total domínio sobre isso. A questão é que o comportamento dos filhos diz muito sobre a forma como os pais agiram sobre determinado assunto. No exemplo que estamos discutindo: pais que não falam sobre o assunto, educam para o silêncio. Pais que falam, educam para a discussão. Isso é muito diferente de dizer que pais que falam sobre sexo, liberam os filhos para fazerem o que quiserem, como muitos tendem a crer. Educar para o diálogo, pressupõe que os pais tenham uma boa relação estabelecida com o objeto de discussão ou, quando isso não acontece, tenham coragem para ser sinceros e expressar limites e incapacidades.

### A responsabilidade é sua

Você já ouviu algum pai (mãe) dizer o seguinte: "Ah mais essa escola não está ensinando nada pro meu filho!" Ou "Porque você respeita a professora mas não me respeita?" Ou "Onde você aprendeu a ser malcriado assim?"

Para mim, é até um pouco engraçado ouvir as seguintes frases acima, pois elas soam como alguém colocando a culpa que é dele em outra pessoa.

A escola não irá educar o seu filho, essa é sua responsabilidade. A escola irá preparar o seu filho academicamente, mas respeito, valores morais, obediência e inteligência emocional precisa vir de casa, precisa ser ensinado em casa; e isso precisa partir de pai e mãe.

Nem o avô, avó, tio, tia, primos e etc farão esse papel por você. Ou pelo menos não deveriam. Quem gerou, precisa assumir a responsabilidade, e entender que precisa fazer esse papel, e não passá-lo pra outra pessoa. Outra pessoa pode até fazer, mas quem deveria fazer é você, pai e mãe.

É incrível o número de pais que eu atendo que ainda não entenderam o grau de responsabilidade que tem como seus filhos, e com isso, não conseguem identificar a causa do desrespeito e desobediência de seus filhos. Eles atribuem o comportamento negativo de seus filhos à todos e à tudo, menos à eles mesmos.

E nesse momento, você pode estar dizendo assim: Pera aí,

como assim? O que você está falando? Como você pode me julgar dessa forma sem conhecer a minha história e sem ouvir o que eu tenho pra dizer?

E eu vou te dizer: O que você tem a dizer com certeza é muito importante, e eu lhe ouvirei com todo prazer, mas, eu não preciso ouvir você pra saber o que está acontecendo, basta olhar para o seu filho e ver como ele se comporta pra eu saber exatamente o que está se passando na sua casa. Sem mais.

E você pode dizer assim: Mas você realmente não precisa que eu te diga, explique ou justifique o comportamento dele? E eu vou responder: Bom, é sempre importante ouvir o que o outro tem a dizer, mas o comportamento fala por si, e quando o comportamento fala, pouco é necessário usar palavras.

E entenda, isso que você acabou de ler é um grande ensinamento, que lhe servirá para te beneficiar quando você, após colocar em prática o que aprender aqui, ver a diferença do comportamento de seu filho. Aí então, você dirá, realmente, uma criança feliz, suprida, entendida, amada e respeitada terá um comportamento de acordo com o tratamento que ela recebe.

Portanto, entenda, a responsabilidade não é do outro, da professora da escola, do tio, do irmão mais velho, do time de esporte, do professor de música, do tutor de matemática, do motorista do ônibus escolar e ninguém além de: você mesmo.

Ao entender isso, que é extremamente importante, não pense que por ser responsável, você está só, pois você não está. Ser responsável e fazer o trabalho sozinho são duas coisas distintas, e você, não pode confundir as duas coisas e pensar que vai precisar tomar toda a carga para si próprio. Pois existe ajuda e suporte disponível para você, que está ao seu alcance. Esse livro, por exemplo, no qual você investiu pois entendeu a necessidade de adquirir mais conhecimento no assunto, já é um suporte no qual você identificou que precisa.

Portanto, só fica sem ser ajudado quem não busca ajuda. Só fica no escuro quem não se levanta para caminhar até o interruptor para acender a luz.

A responsabilidade é sua mas, você não está só. Existe ajuda ao seu alcance. Você só precisa querer ser ajudado nessa área. Existem muitos profissionais na área de saúde mental, especializados em terapia infantil e familiar. Essas pessoas são capacitadas e experientes no assunto, e elas poderão lhe ajudar. O que você não pode fazer, é querer resolver sozinho, sem ter conhecimento, preparação e instrução para isso. Fale com alguém, se abra para alguém, fale da sua dificuldade, de sua fraqueza, de sua debilidade e de sua necessidade.

Você será ouvido, ajudado e certamente, estará no caminho certo para alcançar resultados positivos na área emocional de seu filho.

Muitos pais não planejaram o nascimento de seus filhos, e com isso não planejam criá-lo também. Mas isso seria uma grande irresponsabilidade da parte de um pai.

Tudo bem que você pode não ter planejado, mas aconteceu, e agora a responsabilidade é sua de se inteirar sobre o assunto.

Infelizmente, o que eu vejo acontecer é, pais não conseguem identificar a necessidade de buscar ajuda, ou aqueles que até identificam mas dizem não poder investir tempo ou dinheiro na área que eles precisam desenvolver melhor.

Eu quero acreditar que esses pais ainda não entenderam a importância de investir em seus filhos; e espero que eles entendam e que mudem sua visão a respeito dessa tema e que ainda tenham tempo para corrigir o erro.

## RESPEITO

Exigir respeito de seu filho não é um mero capricho, ou uma necessidade para massagear seu ego; seu filho deve te respeitar porque a forma com que ele se comporta com você, será a forma que ele se comportará com outras figuras de autoridade.

Portanto, o respeito precisa começar em casa. Pais que não corrigem, que se deixam ser desrespeitados por seus filhos, estão permitindo que seus filhos façam os mesmos que os de fora.

Essas crianças terão problemas na escola, no clube de esporte, no emprego, no casamento e etc. Ensinar respeito é seu dever, pai e mãe!

O molde de relacionamento social que seu filho terá será o seu, o que você cultivar dentro de casa, será o formato que ele usará fora de casa.

Se você deixa de corrigir o comportamento negativo e deixar gerar desrespeito, breve você será facilmente desrespeitado e não conseguirá mais remediar a situação.

Por isso, vemos tantos filhos maltratando pais, matando pais, e agindo sem a mínima comoção, pois nunca foram ensinados o respeito.

Se você não consegue ensinar seu filho de 5 anos recorrer seus brinquedos, será muito provável que também não conseguirá fazê-lo chegar em casa no horário estipulado quando estiver em sua adolescência.

## SEXUALIDADE EXPLICADA PELOS PAIS

Quem deve conversar com seu filho sobre sexualidade? Você! A escola fará isso? Sim! Os amigos farão isso? Sim! A internet fará isso? Sim!

Mas será que a forma que eles falarão sobre sexualidade, que é um assunto de extrema importância, de forma que seja correta, saudável e apropriada?

Isso você nunca saberá! Pois o que seu filho conversa com o amigo, muitas vezes ficará somente entre eles. O que é visto por ele na internet, especialmente sobre esse assunto, também não será compartilhado com você.

Portanto, você é a pessoa certa para falar com seu filho sobre sexo. Mas a questão, é que muitos dos pais não estão preparados para isso, e pensam que não conseguirão fazê-lo.

Mas aqui, eu vou descomplicar o assunto para você. Você acha difícil falar sobre sexo com seu filho? Você se sente constrangido? Sente que irá travar e não conseguirá iniciar a conversa?

Não se apavore tanto assim, pois existe uma grande probabilidade que tudo que você falará com seu filho sobre essa tema, ele já saberá.

O importante de ser você a pessoa que fará isso, é que você passará para ele a informação apropriada e correta, enquanto outras fontes podem não fazê-lo, e se você chegar primeiro, você também será o primeiro a chegar com a informação. Interessante, não é mesmo?

Se você pensa que não conseguirá falar tudo ou se lembrar de tudo, faça uso de um livro de educação sexual e leia junto com seu filho.

E qual seria a idade certa? Não existe idade certa. Seu filho dará sinais. Ele pode ter 5 ou 6 anos e já dar sinais a respeito, ou começar a fazer descobertas a respeito de seu corpo. Você como pai e mãe, saberão o tempo quando verem os sinais, e ninguém melhor que você para entender esses sinais.

Outro marco que aponta para o tempo apropriado para falar sobre sexualidade é a puberdade, pois é o período que mudanças fisiológicas e biológicas acontecem. Nesse período o corpo se desenvolve e a mente também; e isso faz com que o tempo seja propício para falar sobre sexualidade.

Mas você pode pensar assim: Mas meu filho é muito novo, ele ainda não precisa saber sobre sexualidade. E eu te digo que é aí que você se engana, pois se o corpo dele está se desenvolvendo e amadurecendo, significa que ele está a todo tempo se olhando, se tocando e buscando entender o significado do que está acontecendo.

E acredite, eles estão confusos, e até mesmo um pouco perdidos. Pois estão recebendo influência hormonal e começam a se interessar pelo sexo oposto!

Como uma amiga psicóloga diz: Eles estão recebendo hormônio de adulto em um corpo de criança. E isso, traz para eles ansiedade, frustração, questionamentos e até mesmo dificuldades de lidarem com as mudanças.

Portanto, esse é o tempo! Eles precisam ouvir de você o que está acontecendo com eles. Você é responsável por fazer esse trabalho!

## AUTORIDADE

Se você se tornou pai ou mãe, você ganhou autoridade. E essa autoridade foi instituída por Deus. Você é um agente designado por Deus para exercer autoridade na terra na vida de seus filhos. Portanto, você é responsável por exercer essa autoridade; não é opcional, é necessário. Entende?

E entenda, a sua autoridade não é para ser exercida para seu próprio prazer, é para ser exercida para que seus filhos vivam seus propósitos de vida, em plenitude de vida, com saúde física, emocional, mental, familiar e espiritual.

Você precisa instruir, corrigir, amar, educar, proteger, e tudo isso está ligado à posição de autoridade que você exerce.

## QUANTO TEMPO É SUFICIENTE?

Essa pergunta é sempre feita em atendimentos. Quanto tempo é suficiente para estar com meu filho? E o que eu sempre digo é a quantidade não sobresai a qualidade. Qualidade de tempo sempre terá mais valor que quantidade. Você talvez pode passar o dia inteiro com seu filho, o que é o caso de muitas mães, que cuidam de seus filhos tempo integral, mas não passar tempo intencional com ele.

Você pode dar banho no seu filho, fazer afeições com ele, fazer tarefas de escola com ele, colocá-lo para dormir e ainda assim não passar tempo intencional com ele, ou seja, sua atenção não está voltada direta pra ele.

Outro dia eu estava no parque com meu filho e vi um cena que muito me entristeceu. Vi um pai com um filho de aproximadamente 10 anos jogando bola, e enquanto jogavam, o pai falava ao celular. E assim eles jogaram por alguns minutos; e eu fiquei observando como o filho olhava para o pai em busca de alguma interação, comunicação ou até mesmo um olhar. E eu pude perceber que aquele pai estava jogando com seu filho mas não estava valorizando o momento que estavam tendo juntos.

Será que esse filho estava feliz de estar ali? Será que ele se sentiu valorizado, amado, ou o foco daquele momento? Certamente não! Ele provavelmente pensou que seu filho tinha coisas importantes à fazer, fazendo-o sentir em segundo plano, ou menos importante.

Por isso, precisamos estar atentos sobre como estamos passando tempo com nossos filhos; se estamos dando à eles nossa total atenção, ou se estamos no telefone conversando com alguém, passando uma mensagem ou até mesmo usando redes sociais.

Então, para responder essa pergunta, eu digo que 15 minutos pode ser suficiente para criar memórias com seus filhos se esses 15 minutos foram utilizados sem distrações, e se foram intencionais.

Muitos pais dizem não terem tempo suficiente; mas a realidade é que não é tempo que falta, e sim prioridades. Se você pai tem uma carga horária extensa e sente não ter tempo suficiente com seu filho, passe tempo com ele durante o café da manhã, sentado à mesa; ou coloque-o para dormir, leia um livro com ele, ou até mesmo no caminho da casa até a escola. Existem uma infinita lista de coisas que vocês podem fazer juntos quando o tempo é limitado.

Aproveitem também os fins de semana para passarem tempo juntos. Muitos pais não planejam o fim de semana com seus filhos sendo que esse é o único tempo que tem para fazerem algo juntos. Por isso, seja intencional, priorize, faça valer a pena o tempo que você tem disponível. Não deixe a ideia que por não ter muito você não pode dar nada. Dê o que você tem, priorize o que você tem, dê valor ao que você tem.

## PAPEL DO PAI

### Responsabilidade financeira

É mais comum ver o pai trabalhar fora, e mães ficarem em casa cuidando da casa e dos filhos, mas também existem muitas mães que trabalham fora.

Mas, quero falar para os pais agora. Você trabalha fora, é o provedor financeiro da família, você está encarregado de prover tudo que sua família precisa e isso é uma grande responsabilidade. E a partir desse ponto te parabenizo, pois existem homens que não se responsabilizam e não têm compromisso com suas famílias, e vivem como se não tivessem que assumir compromisso algum. E você, que assumiu essa postura, deve ser valorizado por assumi-la.

E como figura masculina, marido e pai; você também possui algumas outras responsabilidades que precisam ser entendidas como uma missão.

### Responsabilidade emocional e mental

Ser provedor emocional é uma responsabilidade sua para com sua família para que ela também seja suprida com essa estabilidade que tanto é necessária.

E só você, homem, pode fazer isso por sua família. A mulher também pode, e deve, e ela irá desenvolver esse papel tão bem quanto você a orientar e supri-la para isso; pois você é que lidera, direciona e aponta o caminho.

Se a mulher não está provida de direção e liderança, então ela também não poderá desenvolver esse papel que é tão necessário dentro do lar.

Eu vejo muitos pais errando nessa área, em pensar que a provisão financeira é tudo a ser feito por eles, e que o restante das responsabilidades precisam ser cumpridas pelas mães; mas a responsabilidade que um pai tem vai além de prover estabilidade financeira, pois a responsabilidade de um pai é a que abrange todas as áreas à serem supridas em uma família, sendo essas áreas: financeira, emocional, mental e espiritual.

Quando você assume essas responsabilidades, você dá a sua família uma estabilidade mental, ou seja, você os supre de tranquilidade e segurança, fazendo assim que eles se sintam bem.

### Responsabilidade espiritual

O homem é o sacerdote do lar, ou seja, aquele que lidera, que governa, que direciona e que se responsabiliza, que toma postura, que coloca ordem, que ensina, que educa e que provê.

Assim sendo, o homem precisa ter postura de líder espiritual, adotando práticas que darão exemplo à seus filhos, fazendo a leitura e o ensino da Bíblia, orando diariamente, sendo grato à Deus, sendo fiel à Deus; e tudo isso será um tremendo exemplo para sua esposa e seus filhos.

Quando o homem não se responsabiliza por essa certa, duas coisas podem acontecer: ninguém se responsabilizará ou a mulher fará isso, e isso a sobrecarregará muito pois a mulher não foi chamada para ser a cabeça, e sim a ajudadora. Mas caso, ela faça isso, ela estará cumprindo um papel que é do homem, e isso também fará com que seus filhos cresçam com o entendimento errado de quem deve estar no comando.

### PAPEL DA MÃE

A mãe pode assumir as mesmas responsabilidades que o pai deve assumir que foram mencionadas acima, porém de forma que venha servir de ajuda, de auxílio, de apoio, de suporte; e não como principal, para que isso não a deixe sobrecarregada.

A mulher que está sobrecarregada não consegue desenvolver bem seu papel, se desgasta e pode até adoecer por fazer além do que ela pode suportar.

Quando o homem se posiciona, a mulher desenvolve seu papel sem problemas. Ela atua de acordo com a direção do homem, e isso, faz com que ela flua com naturalidade. Eu já vi muitas mulheres que estão desenvolvendo o papel dela e de seu marido em casa, e com isso, andam sempre cansadas, sem forças, e completamente sem direção, pois a mulher por si só não foi feita para dar direção à seu lar. E quando ela faz isso, ela simplesmente não consegue render em suas funções, funções essas que cabem à ela desenvolver.

Uma mulher que trabalha em casa, fora de casa e além lidera sua casa, é uma mulher que está a ponto de se desmoronar a qualquer momento.

Portanto, homem, desenvolva seu papel, e deixe que a mulher desenvolva o dela. Se ambos desenvolverem seu devido papel viverão em equilíbrio.

## RESPONSABILIDADES DIFERENTES, QUE SE COMPLETAM

Como já entendemos o papel do pai e o da mãe, é importante ressaltar que ambos são importantes e ambos se completam.

É importante ressaltar que com a mudança da sociedade moderna, a mulher vem lutando por uma independência financeira, ganhando espaço em suas carreiras profissionais e cada dia mais ocupadas "fora de casa". E isso, não as fazem menos requeridas em casa em suas responsabilidades como mãe, e dona de casa. É aí que entra a organização de responsabilidades para que não haja uma sobrecarga para alguma parte.

A mulher que desenvolve sua carreira profissional e também contribue com as despesas de uma casa, não pode desenvolver tarefas do lar por si só, ela precisa ser ajudada, ela precisa de colaboração tanto do marido quanto dos filhos.

E isso é importante de ser colocado em pauta em reuniões de família, para que tudo fique esclarecido, para que não haja cobranças excessivas, o que pode chegar a ser muito desgastante.

Eu atendo muitas mães que trabalham foram de casa, dentro de casa, e são basicamente exploradas em suas infinitas funções, mas não conseguem designar tarefas, não consegue pedir ajuda, não consegue colocar pra for a o que as está incomodando e matando aos poucos.

E o que eu sempre digo é que com diálogo tudo se resolve e

tudo se entende. Então, mulher, não adoeça querendo fazer tudo ao mesmo tempo ou fazendo um papel que não é seu, fale sobre isso, exponha o que está acontecendo, peça ajuda, não guarde tudo para si e não queira segurar o mundo inteiro, pois uma hora vai ficar pesado demais e tudo pode desabar.

Então seja sábia, distribua funções e responsabilidades.

## REUNIÕES EM FAMÍLIA

Já ouviu falar em reuniões em família? Não? Então você precisa saber que reuniões assim existem e são muito necessárias.

As pessoas se reúnem em empresas, em escolas, em igrejas, em clubes, nas comunidades, mas não têm o costume de se reunirem em casa com sua famílias, onde tudo se dá início.

É em casa que as famílias aprendem sobre ordem, respeito e organização, então deve ser casa que as reuniões devem dar início.

Faça reuniões em família, reúna com seus filhos à mesa, fale sobre a rotina, a organização, as responsabilidades, os projetos da família.

Leve para a mesa os assuntos sérios e também os engraçados. Faça da mesa um hábito entre vocês. Pois é na mesa que as coisas precisam ser ditas, e não aos berros e "aos trancos e barrancos". É na mesa que a família se conhece, se ama, e faz acertos. É na mesa que os filhos aprendem à ouvir os pais e os irmãos. É na mesa que as pessoas se olham em um nível igualado. É na mesa que nos damos conta que algo não vai bem, quando alguém teve um dia difícil. É na mesa que os filhos aprendem à agradecer pelas refeições. É na mesa que os filhos aprendem a comer o que está posto, e não desenvolvem maus hábitos na alimentação. É na mesa que as crianças aprendem a não falarem com a boca cheia.

Mesa é importantíssimo e precisa ser hábito de uma família emocionalmente saudável.

## A IMPORTÂNCIA DA FAMÍLIA NA CRIAÇÃO DOS FILHOS

Confira o que esse artigo entitulado "Porque a família é importante?, publicado pelo site Escola da Inteligência, fala à respeito:

Quais habilidades socioemocionais precisam ser desenvolvidas desde cedo? São as habilidades mais complexas da inteligência, tais como: pensar antes de agir e reagir, colocar-se no lugar do outro (empatia), ser capaz de superar perdas e frustrações e interpretar comportamentos e sentimentos (os próprios e os dos outros).

É muito importante também promover: autoconfiança, autoestima, autocrítica, postura empreendedora, entre outras. Todas essas funções e habilidades são capazes de levar as crianças a desenvolverem relações intra e interpessoais saudáveis, embasadas na ética e na honestidade — sem esperar demais a contrapartida.

Dessa forma, a criança cresce sabendo respeitar as diferentes perspectivas, debater e não impor ideias, resolver conflitos, trabalhar em equipe e tantos outros ensinamentos que contribuirão para que sejam líderes de si mesmas. A seguir, veja alguns dos pontos de atuação mais importantes.

É dentro do ambiente familiar que as crianças começam a desenvolver suas habilidades. Por isso, é imprescindível que sejam estimuladas, logo nos primeiros passos, a fortalecer também as funções mais nobres de sua inteligência.

Aspectos como linguagem, raciocínio, capacidade de abstração e de resolução de problemas são fomentados no ambiente familiar. É sabido que, desde o nascimento, o bebê começa a aprender e que essa prática só termina ao fim da vida. O ser humano é curioso, investigativo e apto a absorver informações, mas os primeiros anos de vida são essenciais para impulsionar o desenvolvimento da inteligência.

É comum que a família busque proteger seus filhos de todos e quaisquer riscos; tentem poupar suas crianças de todas as frustrações e as presenteiem em excesso como forma de recompensar momentos de ausência, por exemplo. Sem perceber, os adultos muitas vezes criam um mundo artificial para seus filhos, sem se dar conta de que dessa forma estão impedindo que eles aprendam, verdadeiramente, como é o mundo real.

As famílias têm intenções excelentes para com seus filhos, mas não enxergam que não é preciso idealizar as situações para conseguir educá-los. O processo inclui a educação das emoções a fim de atender a única necessidade realmente importante: formar futuros adultos conscientes, felizes e capazes de conquistar o próprio sucesso.

## PONTOS PARA SEREM FIXADOS - CAPÍTULO 2

1 – Durante a gestação seu filho já está recebendo estímulos e já tem percepções do seu comportamento.

2 – Você é responsável por criar seu filho, não a escola!

3 – Fale sobre sexo com seu filho.

4 – Você é autoridade.

### EXERCÍCIO

• O que você aprendeu sobre quando a criança está sendo gerada?

• Converse com seu filho sobre sexualidade!

• Faça da mesa um hábito.

### ANOTAÇÕES

_____

_____

_____

_____

_____

_____

_____

_____

_____

_____

## CAPÍTULO 3

# EU SOU O ESPELHO PELO QUAL MEU FILHO SE VÊ

S omos espelhos, somos modelos! Cada atitude nossa está servindo como modelo e nossos filhos irão repetir. O melhor exemplo que você pode deixar para seu filho são suas atitudes; ou seja, a forma com que você lida com as situações diárias da vida, como reage à situações difíceis e como se comporta em dias difíceis. Tudo isso está servindo como um modelo para seu filho. Ele certamente copiará cada ato seu, cada palavra sua e cada comportamento.

Somos espelhos, somos modelos! Cada atitude nossa está servindo como modelo e nossos filhos irão repetir.

O melhor exemplo que você pode deixar para seu filho são suas atitudes; ou seja, a forma com que você lida com as situações diárias da vida, como reage à situações difíceis e como se comporta em dias difíceis. Tudo isso está servindo como um modelo para seu filho. Ele certamente copiará cada ato seu, cada palavra sua e cada comportamento.

O velho ditado faz o que eu falo e não o que eu faço não funciona, nunca funcionou e nunca irá funcionar; pois nossos filhos não serão influenciados pelo que falamos e sim pelo que fazemos.

É certo que as palavras tem muito peso sobre a vida de nossos filhos, e elas devem ser ditas com sabedoria pois elas sim terão grande influência sobre nossos filhos, mas nossas atitudes terão mais. Atitudes tem muito mais poder que palavras.

Então, se você deseja que seu filho o respeite, de respeito à ele, trate ele bem, com amor, com carinho, com bondade, com paciência; e ele fará exatamente o mesmo com você.

Muitas vezes, somos nós que não estamos bem. Somos nós quem precisamos de ajuda.

Em um de meus atendimentos, eu tratei uma família que a mãe sofria de ansiedade generalizada já há muitos anos, e a sua falta de autocontrole afeta a forma com que ela criava seus filhos.

Todos os dias ela levava os filhos à escola, mas sofria ao deixar o filho mais velho, pois ele sofria de ansiedade também, e não conseguia se controlar sozinho, e precisava de alguém para fazer isso por ele, ou pelo menos ajudá-lo.

A mãe, ficava muito nervosa, e ao invés de acalmá-lo, ela gritava com ele, pois ele estava fazendo eles passarem vergonha na frente da escola; isso era o que ela dizia.

Então, a partir da dificuldade que a própria mãe tinha, ela

estava impossibilitada de ajudar o filho. Mas isso ela só conseguiu reconhecer quando alguém disse isso à ela. Pois antes, ela atribuia toda dificuldade daquele momento na frente da escola à seu filho.

Quando ela ouviu alguém dizer à ela que a ansiedade dela estava agravando ainda mais a situação, a mãe buscou ajuda, não só para o filho, mas para ela também.

Se somos modelos e espelhos para eles, temos que ser a nossa melhor versão. Temos que fazer nosso melhor. Pois tudo está sendo copiado por eles.

Muitas vezes, os pais não identificam suas próprias dificuldades e atribuem tudo que não está dando certo à seus filhos, dizem que seus filhos são malcriados, folgados, dizem não obedecê-los e etc.

Mas isso pode ser derivado de um comportamento vindo do próprio pai. Por isso, quando for buscar ajuda para seu filho, busque para você também, pois você também pode estar precisando.

## INFLUÊNCIA DE UM AMBIENTE FAMILIAR

Outro dia eu li a seguinte frase: Diga-me como é a sua família e te direi como o seu filho regula suas emoções.

Interessante não é mesmo?

Observe os modelos de família e como a criança se comporta estando inserida dentro desses modelos.

**Família coesa:** É uma família onde os pais se relacionam bem um com outro.

**Comportamento da criança:** Tolera bem situações e controla suas emoções. Possui capacidade de regular experiências negativas e tem flexibilidade diante situações desagradáveis.

**Família desligada:** É uma família onde a relação conjugal é tensa, e não existe muita manifestação de afeto.

**Comportamento da criança:** Dificuldade em regular experiências emocionais negativas.

**Família emaranhada:** É uma família onde os pais não conseguem manter um relacionamento saudável, não tem limites e não demonstram confiança.

**Comportamento da criança:** Essa criança pode desenvolver perturbações como ansiedade e ter dificuldades sociais.

## RELACIONAMENTO DOS PAIS

É inútil pensar que o filho não estará participando, percebendo e aprendendo com o relacionamento de seus pais, ou seja, a forma que um fala com o outro, se comporta e resolve conflitos.

Não faz muito tempo que atendi uma mãe esta mãe me mostrou um vídeo que ela gravou durante o período que estava discutindo com o marido, e esse vídeo mostrava a reação das crianças enquanto acontecia a discussão.

Não foi surpresa ver como as crianças ficaram amedrontadas por ouvir o pai gritar com a mãe; eles não sabiam o que fazer; o maior tentava consolar o menor, mas os dois choravam muito; foi uma cena difícil de assistir.

E é claro que durante o atendimento, eu disse a mãe que precisaria reportá-los para o departamento infantil do estado, pois além dessas crianças estarem sofrendo abuso verbal e emocional, o pai também as estavam espancando.

Agora, imagine como fica a situação da saúde mental e emocional dessas crianças. Já parou pra pensar?

E é por isso que eu sempre digo que o relacionamento dos pais afetam o comportamento dos filhos.

Essa mãe estava desesperada pois os filhos estavam ficando agressivos, gritavam muito e choravam muito a noite na hora de dormir.

E ela já não sabia mais o que fazer com os meninos.

Quando os pais tem um relacionamento saudável, se dão bem, tem respeito um com o outro, usam palavras positivas e sábias, sabem resolver conflitos, pedem perdão; tudo isso dá um exemplo positivo à seu filho, e ele se sentirá seguro e terá controle de suas emoções.

O filho precisa ver o pai sendo gentil com a mãe e vice-versa. O filho precisa ver o pai sendo autoridade maior e mãe sendo uma mulher sábia, aquela que edifica o lar.

Quando o filho vê o pai sendo mandado ou desrespeitado, logo ele entenderá que isso é o normal e isso formará nele uma normalidade à respeito disso, e ele estenderá que assim que tem que ser.

Quando o filho vê a mãe sendo a pessoa que toma conta de tudo, que faz tudo, que trabalha, que limpa, que cozinha, que cuida das crianças, e que faz absolutamente tudo em casa, logo ele entenderá que assim ele será quando se casar.

Uma amiga terapeuta um dia me disse a seguinte frase: Mães fortes criam filhos fracos. No sentido que se a mãe fizer o papel do pai, logo ela se coloca na posição de forte, na posição de poder, e isso fará com que o filho entenda que se a mãe é assim, e o pai não se impõe, ele também pode ser assim e agir da mesma forma. No futuro esse menino será exatamente igual ao pai e pensará que sua mulher que tem que exercer o papel de autoridade pois foi isso que ele viu acontecer durante seu crescimento.

## POR QUE MEU FILHO NÃO ME OBEDECE?

Essa é uma das perguntas clássicas que eu sempre escuto. E como para tudo na vida existe uma explicação, eu sempre dou a resposta fazendo outra pergunta, dizendo: Porque você acha que seu filho não te obedece.

E dependendo do que o pai fala, ela dá alguns sinais que podem indicar o motivo pelo qual o filho não o está obedecendo.

Um dos motivos pelos quais seu filho não te obedece é a forma que você o corrige. Pode acreditar!

Se por exemplo, você não gosta que seu filho use o banheiro e deixe a luz acessa, você precisa falar com ele sobre esse acontecido imediatamente, e não deixar para depois, ou simplesmente tentar corrigir com um grito dizendo: Eu já falei pra não deixar a luz acessa após usar o banheiro! Esse comportamento não está corrigindo seu filho, mas o está reprimindo. E isso, pode estar sendo entendido por ele como um comportamento permissivo, pois você não o corrigiu, e nem o pediu que viesse até o banheiro apagar a luz, você somente gritou o que ele fez de errado. Corrigir é levar a criança até o local onde ela deve concertar o erro, e falar sobre aquilo. Isso é correção, gritar não!

Para nós, pais, é mais fácil querer resolver com grito, pois estamos nervosos com o ocorrido e já perdemos a paciência. Mas esse comportamento pode ser a causa pelo qual seu filho deixou de te obedecer.

## O QUE VOCÊ FAZ, SEU FILHO FARÁ

Não tenha dúvida disso. Seu filho irá se comportar da mesma maneira que você se comporta diante as situações.

Em atendi um caso de uma mãe que dizia que a filha queria bater em todas da sua sala. E ela sempre chegava em casa com bilhetinhos da escola, onde a professora contava em quem a menina tinha batido naquele dia.

A mãe estava muito preocupada com a filha e então começamos o tratamento. Com o tempo, eu descobri que a mãe usava umas linguagens um pouco violentas perto da filha enquanto falava sobre algum tipo de assunto.

Por exemplo, um dia, conversando com a mãe, eu perguntei como foi o seu dia, e a mãe respondeu um pouco nervosa: Eu não aguento mais o meu trabalho, eu tenho vontade de matar todos naquela companhia, e bater em cada um deles.

A partir desse dia, eu entendi o porque do comportamento da filha, ela estava agindo exatamente como a mãe agiria dentro de seu local de trabalho. Só que com uma diferença, a mãe só tinha vontade de fazê-lo, a filha já estava executando as palavras da mãe dentro de sua sala de aula.

Portanto, não pense que o que você fala, passa desapercebido. Não! Nem o que você fala, nem o que você faz. Tudo está sendo minuciosamente computado por seu filho. E ele, executará suas palavras. Acredite!

## RESOLVENDO CONFLITOS

Você sabe resolver conflitos em família? Como você os resolve? E como você lida com problemas que te acontecem no trabalho, na escola, na igreja? A sua forma de resolver conflitos definirão como seus filhos resolverão os seus conflitos também.

Você já viu alguma situação onde o pai entra em uma briga de tapas com outra pessoa só porque essa pessoa pode ter desrespeitado ela ou feito algo desagradável? Eu já vi, e muitas vezes essa cena acontece na frente dos filhos.

Então, como é que você quer ensinar seu filho a resolver seus conflitos se você mesmo não consegue resolver os seus de maneira civilizada?

Um filho que tem um pai assim, comprará brigas na escola, na rua, na padaria e até mesmo dentro de casa com seus próprios irmãos.

E esse ensinamento está vindo de onde? De dentro de casa! Pois se é assim que o pai resolve seus conflitos, ele está permitindo e ensinando seu filho à fazer o mesmo.

Depois, não tem do que reclamar! Portanto, pais, se policiem com seus comportamentos, pois eles estão moldando seus filhos.

## PEÇA PERDÃO À SEU FILHO

Eu, pai? Pedir perdão? Porque? Pra que?

Sim, você pode e precisa pedir perdão quando algo acontecer e você precisar se desculpar de algo.

Lembra que somos exemplo? Então, nisso também temos que dar exemplo. Precisamos ser os primeiros a pedir perdão, a dizer que erramos e que podemos melhorar.

Se você pede perdão à seu filho caso tenha acontecido algo desagradável, você o estará ensinando a fazer o mesmo quando ele errar.

Você não se diminui quando faz isso, muito pelo contrário, você demonstra humildade. Uma certas vez eu li a seguinte frase: O primeiro a pedir perdão ganha! Maravilhoso, não é mesmo? Achei fantástico!

Portanto, você não perde nada quando pede perdão, você na verdade ganha, ganha à respeito e se vê livre da culpa.

## O QUE ESTÁ NO CORAÇÃO REVELARÁ O COMPORTA-MENTO

A bíblia diz em Marcos 7:21-23: "Porque do interior do coração dos homens saem os maus pensamentos, os adultérios, as fornicações, os homicídios, os furtos, a avareza, as maldades, o engano, a dissolução, a inveja, a blasfêmia, a soberba, a loucura. Todos estes males procedem de dentro e contaminam o homem."

O comportamento de seu filho sempre será decorrente do que ele está sentindo, ou seja, do que ele carrega em seu coração em um determinado momento.

Entender isso é primordial, pois você não conseguirá resolver um comportamento negativo sem entender a raiz desse comportamento.

Muitos pais querem que seus filhos obedeçam, que eles façam as atividades requeridas deles, que se comportem bem, que não entrem em brigas, que falem com respeito; mas tudo isso só acontecerá se essa criança estiver suprida emocionalmente.

O comportamento é externo, mas a motivação é interna. E isso explica que uma criança que não se comporta bem está machucada emocionalmente.

Portanto, comportamento não pode ser o foco à ser corrigido e sim, o que está acontecendo com essa criança pelo lado de dentro, ou seja, o que está em seu coração.

E como você consegue entender o que se passa dentro do coração do seu filho? Conversando com ele, passando tempo com ele, se relacionando com ele, brincando com ele, enfim, buscando entender a forma como ele pensa, o que o aflige, o que o causa sentir medo, o que o deixa feliz, o que o desanima, e etc. E para isso acontecer, você precisará de tempo, precisará de dar atenção e cuidado, para que então você comece a entender o que é que está passando com seu filho.

Você já viu alguém íntimo de alguém que não tem relacionamento? Para se ter intimidade e afinidade, é necessário tempo e dedicação.

E, para ser bem sincera, se seu foco não está em construir um relacionamento forte e íntimo com seu filho, então você sempre terá que lidar com comportamentos difíceis, e isso será resultado de um filho que não se relaciona com o pai.

## VOCÊ É REFERÊNCIA

Como pai, o comportamento que você assume não só influencia a forma com seu filho pensa ou age; mas também no que ele acredita!

Se um pai não tem confiança se si mesmo, pensa menos de si mesmo, e não está bem emocionalmente, o filho terá o mesmo entendimento sobre si mesmo; pois o pai é figura de autoridade, figura de poder, e isso faz com que seu filho queira ser como você.

Todo ser humano usa alguém com algum tipo de poder ou autoridade como referência, e seu filho usará você como exemplo, por você ser a referência mais próxima que ele tem de autoridade.

Isso é muito sério, pois é uma grande responsabilidade ser referência.

Um dia eu li a seguinte frase e fui muito impactada por ser tão verdadeira:

"Toda vez que você grita com sua filha por amor, você a ensina a confundir raiva com carinho, o que parece inofensivo, até que ela cresce confiando em homens violentos porque eles são tão parecidos com você".

Veja como a maneira que lidamos com nossos filhos afetam no que eles vão acreditar no futuro?

Nosso papel como pais não é somente criar ou educar, mas sermos referências saudáveis para nossos filhos; pois eles nos veem como figura de autoridade, na qual eles se espelharão por toda vida.

## INCENTIVE O AUTO CONHECIMENTO

Hoje em dias nossos filhos sabem mais sobre qual será o próximo aparelho celular ou o próximo jogo que será lançado do que sobre si mesmos.

As crianças estão completamente inseridas no mundo virtual, se relacionam com amigos virtuais, estão expostas à rede sociais, mas não sabem nada à respeito delas mesmas.

Quando uma criança olha pra dentro, ela se encontra e aprenda sobre seus pontos fortes e pontos fracos; aprende a identificar seus medos, suas fraquezas, suas dificuldades, e aprenda a lidar com elas.

Uma criança que desenvolve o auto conhecimento, é uma criança que se relaciona melhor, que é mais feliz e realizada.

## LIMITE O USO DE ELETRÔNICOS

Coloque limites, regras e horários para eletrônicos. Não deixe seu filho fazer uso de eletrônicos com tempo ilimitado ou sem supervisão.

É muito importante que você supervisione o que seu filho está vendo, e quanto tempo ele está gastando com eletrônicos.

Existe algumas plataformas que você pode se inscrever ou fazer uma membresia que pode te ajudar a controlar o tempo que seus filhos estão passando navegando na internet, e isso pode facilitar o controle do uso de eletrônicos.

Um artigo publicado no site Saúde Legal, entitulado "Crianças e tecnologia – Quais as consequências do uso prolongado de eletrônicos?", mencionou o seguinte à respeito de uso de eletrônicos:

"Crianças e adolescentes que passam mais tempo utilizando celulares, tablets e computadores apresentam comportamento antissocial e estão predispostos a desenvolverem doenças como depressão e ansiedade, apontam estudos.

Torna-se cada vez mais comum presenciarmos cenas em que uma mãe ou um pai busca distrair e prender a atenção das crianças por meio de vídeos e jogos on-line. Tal prática se tornou frequente dada a constante correria do dia a dia.

Entretanto, tal caminho de longe é o mais recomendado, tendo em vista que, devido a isso, crianças estão tendo acesso às redes cada vez mais cedo às redes superando, assim, a idade e o tempo recomendados por especialistas para a utilização dos aparelhos eletrônicos. De acordo com um estudo publicado recentemente no The Lancet Child & Adolescent Health, usar dispositivos eletrônicos por mais de duas horas diárias prejudica o desenvolvimento cognitivo das crianças.

**Os problemas:**

Assim, o estudo revelou que o período de uma hora gasta diariamente nos aparelhos pelas crianças, leva ao surgimento de certos problemas, tais como:
- Menos curiosidade
- Menor autocontrole
- Dificuldade para dormir
- Depressão
- Menos estabilidade emocional
- Maior incapacidade de terminar tarefas

Além disso, crianças que passam muito tempo nos aparelhos

eletrônicos, possuem tendências a se tornarem adultos sedentários propensos a desencadear uma série de doenças crônicas tais como:

- Diabetes
- Doenças cardiovasculares
- Obesidade

## MAIS MUNDO NATURAL

Uma criança que é incentivada à brincar e explorar o mundo ao seu redor, é uma criança que fará descobertas que são fundamentais para seu desenvolvimento. Leve seu filho para fazer passeios ao ar livre, leve-o ao zoológico, ao parque, à praia, à estar em contato com os animais e com a natureza em geral. Introduza esse mundo natural à seu filho, quanto mais do mundo natural ele tiver, menos do mundo artificial ele terá falta.

Acredite, seu filho não precisa do último jogo que foi lançado, ele não mundo do último eletrônico que foi colocado à venda. Ele realmente não precisa. O que ele precisa é fazer descobertas, e sentir que faz parte do mundo em que ele vive.

Mas, para isso, você pai, precisará introduzir mais do mundo natural para que ele venha conhecê-lo.

## FAÇA DE SUA CASA UM LUGAR SEGURO

Nossa casa precisa ser mais que um abrigo físico, ela precisa ser um lar. Ela precisa ser um lugar onde seu filho se sente livre, confortável, seguro, amado e repeitado.

Muitas crianças não tem liberdade dentro de suas próprias casas. Muitas crianças possuem quartos nos quais elas nem entram, não convivem nesse espaço, não tem liberdade nesse espaço, e não fazem desse espaço um lugar que elas pertencem e se sentem parte.

É importante fazer seu filho se sentir parte do ambiente onde ele mora, pois a casa também é dele. Você já se imaginou viver bem em um lugar que não se sente confortável? É difícil, não é mesmo?

Para que criança fluam dentro de suas casas, tenham respeito para com os pais, cumpram com suas responsabilidades e obedeçam; elas precisam pertencem, ou seja, elas precisam ser livres e felizes no lugar onde moram.

Criança é ser humano, é um indivíduo em desenvolvimento, é um ser cheio de emoções, sentimentos, vontades, desejos, anseios, e precisa ser devidamente suprida para viver a plenitude de sua idade.

## COMUNICAÇÃO

Muitos pais que eu atendo, tem problema de comunicação. Por isso, penso que é interessante abordar esse assunto.

Vamos definir algo: Comunicação não é monólogo, e sim diálogo. Muitos pais pensam que se comunicam com seus filhos, mas não o fazem quando somente eles falam.

A comunicação que funciona é aquela onde ambos falam, ambos se relacionam, e ambos se expressam.

Comunicar não é anunciar ou dar uma ordem. Comunicar é dialogar, em um tempo propício e determinado para isso.

Alguns pais pensam que quando falam para seu filho fazerem algo, ou quando lhe estão dando uma ordem, ou até mesmo fazendo uma correção, estão se comunicando. Mas não, isso não é comunicação.

Portanto, busque se comunicar com seu filho. Ouça-o atentamente, tenha interesse pelo que ele quer dizer.

## SEJA FIRME E USE DISCIPLINA

Em uma conferência de psicólogos em Los Angeles, um preletor disse a seguinte frase: "O maior desastre social deste século é a acreditar que o amor abundante torna a disciplina desnecessária"

Uma criança bem instruída emocionalmente é aquela criança que é suprida de amor, mas também de disciplina.

Uma certa vez, eu tratei uma família onde o filho de 5 anos não tinha nenhum brinquedo, e a mãe reclamava que o filho era bagunceiro; ou seja, o filho não parava quieto, não parava de subir e descer do sofá, de jogar as almofadas pra cima, de correr de um lado para o outro e a mãe não ter nenhum controle sobre a criança.

Como o trabalho que eu faço me permite ir na casa da família, pois eu faço um trabalho de tratamento intensivo para famílias que estão em crise, eu pude observar o que estava passando naquela casa.

Então, após a mãe ter me contado a dificuldade que ela estava enfrentando com o filho, eu perguntei a mãe onde estavam os brinquedos da criança, com o que ele gostava de brincar e o horário que eles tinham para passar tempo juntos.

A mãe respondeu que ele não tinha brinquedos porque ele não sabia cuidar, e quebrava todos os brinquedos, e por isso ela resolver dar os brinquedos e deixá-lo sem nenhum.

Naquele momento, eu tirei alguns brinquedos terapêuticos que carregava comigo e comecei a brincar com a criança para ver como ele se comportaria. No momento que eu percebi que a criança estava cansando dos brinquedos, eu a orientei a entregar o brinquedo de volta pra mim e escolher outro brinquedo; para que ele não se frustasse e jogasse o brinquedo ao chão após ter cansado de brincar com ele. E isso funcionou bem.

Após, eu pedi a mãe que se sentasse com o filho para brincar com ele com os brinquedos que eu tinha providenciado. Eles brincaram por alguns minutos, e a criança começou a jogar os brinquedos ao chão. Quando isso aconteceu, a mãe não falou absolutamente nada e ficou olhando a cena.

Eu imediatamente pedi a mãe que se manifestasse e pedisse ao filho que parasse. E a mãe não teve reação; ficou olhando pra mim e não conseguiu corrigir o filho. Ela se levantou, começou a chorar e foi pro banheiro.

Passaram-se alguns minutos e a mãe voltou, pediu desculpas pra mim e disse que não estava acostumada em corrigir o filho e que corrigi-lo a deixava muito triste e angustiada.

Eu entendi que essa mãe poderia ter passado algum tipo de trauma no passado em relação à disciplina, e todas as vezes que ela precisara corrigir o filho, ela era levada de volta à essa memória angustiante e traumática e automaticamente travava.

Após trabalhar esse trauma com essa mãe por alguns meses, ela conseguiu corrigir o filho e discipliná-lo. Mas o problema ali não era a criança, na verdade, as crianças não são o problema, os pais sim; os pais precisam mudar sua forma de pensar e de agir para que eles possam ajudar seus filhos.

Quando essa criança foi corretamente disciplinada ele pode voltar a ter brinquedos em casa, pois sua mãe passou a ter entendimento de como agir, de como lidar e de como corrigir.

Portanto, seja firme, use disciplina.

Não seja permissivo, seja assertivo, haja com sabedoria e firmeza. Não permita que seu filho fique indisciplinado, pois isso acarretará sérios problemas comportamentais.

## MÉTODOS DE DISCIPLINA

Um artigo chamado "Métodos eficazes para disciplinar os filhos", publicado pelo site Família, sugeriu alguns métodos, confira abaixo:

### 1. Pratique a crítica construtiva

Quando seus filhos tomam decisões não muito apropriadas ou demonstram comportamento inconveniente, tente encontrar uma maneira de fazer críticas construtivas. Use perguntas de reflexão, como por exemplo: "Você acha que esse vestido é adequado para uma festa?", "Por que você se irritou com seu irmão?", "Como você poderia expressar o que está lhe incomodando?" ou "O que você acha que vai ganhar reagindo dessa forma?", fazer perguntas a seus filhos utilizando críticas construtivas ao invés de humilhá-los é muito importante, porque evita ter que dar um sermão que pode ser ineficaz. Ao mesmo tempo, prepare seus filhos para no futuro receberem críticas de outras pessoas sem se sentir ofendidos e ouvir para seu próprio bem-estar.

### 2. Elogie em público, advirta em particular

Mantenha em mente que como pai você deve aproveitar todas as ocasiões em que seus filhos mereçam um elogio para fazê-lo em público ou em voz alta. Assegure-se de que eles saibam que você aprecia suas boas decisões. Por outro lado, quando tomarem uma má decisão, evite falar sobre ela em público, porque ao fazer isso você perde pontos com seus filhos. Procure um lugar afastado (quando isso acontecer em casa, podem ir ao quintal, a um quarto ou à sala de estar, e se acontecer em um lugar público podem ir ao carro ou a um lugar separado) para falar com seu filho sobre o que ele fez. Ao invés de usar a expressão "não faça uma coisa dessas", tente expressar que você ficou decepcionado com frases como, "fiquei triste quando você fez isso" ou "fico ofendido quando você diz...", e explique-lhe porque você se sente assim. Isso irá ajudar a seu filho a pensar e refletir sobre como mudar seu comportamento e a expressar por que fez ou disse isso ou aquilo.

### 3. Expresse sua autoridade com qualidade

Evite a agressividade quando estiver bravo. Se estiver com raiva ou tiver perdido a paciência, pare um pouco para pensar em como você irá reagir. Se você responder com impaciência e com agressividade, você irá se arrepender de sua reação, mas será tarde demais, pois o dano terá sido feito. Demonstre ao seu filho que sua autoridade deve ser respeitada, mas demonstre isso sem arrogância e ao mesmo tempo repreenda com firmeza. O equilíbrio entre essas habilidades fará com que seu filho o respeite e sinta vontade de fazer o certo não somente por sua causa, mas porque é o correto.

### 4. Cumpra suas promessas

Isso é essencial para que seus filhos apreciem sua consistência como pai. Se você prometeu que iria tirar algum privilégio se não cumprissem a parte deles no combinado, então faça-o. Quando reclamarem porque você os privou de tal privilégio, aproveite essa oportunidade para enfatizar o fato de que você cumpre suas promessas. Se, pelo contrário, você prometeu algum evento ou passeio especial por bom comportamento, também se assegure de fazê-lo. Evite prometer algo que você não possa cumprir. Lembre-se de que cumprir o que você prometeu será um grande aliado quando se trata de disciplinar seus filhos de forma positiva.

Independente do método usado para disciplinar seu filho, é importante usar constância e ser firme quando disciplinar.

Dependendo da forma de criação adotada pelos pais, e também pelo temperamento da criança, os métodos podem variar, e isso é importante que o pai saiba.

## MÉTODOS DIFERENTES PARA FILHOS DIFERENTES

É possível usar o mesmo método para filhos que possuem personalidades diferentes?

A resposta está quase sendo respondida pela pergunta. Personalidades diferentes exigem cuidados ou atenção diferente; e consequentemente, métodos de disciplinas diferentes.

Se você tem dois ou mais filhos, você vai notar que eles são diferentes em algumas coisas, e isso fala um pouco sobre a personalidade deles, de seus interesses, de seus gostos, suas preferências e forma como pensam e agem também.

Uma criança que tem o temperamento mais calmo por exemplo, não precisa ser corrigida de forma tão firme, pois ela terá mais facilidade de escutar e obedecer da primeira vez.

Já uma criança que tem o temperamento mais forte, mais impulsivo, precisa ser disciplinada de forma mais rígida ou firme, pois ela é uma criança que pões menos atenção, é hiperativa e precisa de mais atenção.

Portanto, é importante entender que um método não será suficiente para disciplinar filhos diferentes.

## NÃO TENHA PREFERÊNCIA POR FILHOS

Estranho isso não é mesmo? Mas acredite, isso acontece, e muito! Já atendi famílias onde pais tem preferência por um filho, pois ele tem o temperamento mais fácil de lidar, e o outro que é mais "difícil" recebe um tratamento inferior, pois o pais não quer lidar com ele.

Não exite filho mais fácil ou filho mais difícil. Existe filho com temperamentos diferentes, e por eles se diferenciarem, eles também exigem tratamentos diferentes; mas nunca menos privilegiados.

O pai precisa entender sobre o temperamento de seu filho, para saber lidar com ele de forma apropriada e correta.

Pois, ter preferência por um e ignorar o outro não é a solução, e acarretará sérios problemas emocionais em seu filho.

# PONTOS PARA SEREM FIXADOS – CAPÍTULO 3

1 – A desobediência de seu filho pode estar conectada com sua forma de correção.

2 – Como pai, o comportamento que você assume não só influencia a forma como o seu filho pensa ou age; mas também no que ele acredita!

3 – Mais mundo natural, menos mundo virtual.

4 – Use métodos de disciplina diferentes para filhos que possuam temperamentos diferentes.

5 – Não existe filho mais fácil ou filho mais difícil.

## EXERCÍCIO

• Estabeleça métodos de disciplina e seja constante com os métodos.

• Desligue os eletrônicos e leve seus filhos ao parque.

## ANOTAÇÕES

_____

_____

_____

_____

_____

_____

_____

_____

_____

# CAPÍTULO 4
# FILHOS DE PAIS SEPARADOS

Vejo a necessidade de abordar essa tema pois trato muitas crianças que são filhos de pais separados e vejo o quanto os pais precisam ser educados nesse aspecto.

Se você é um pai separado ou conhece alguém que é, você precisa entender o conteúdo desse capítulo!

Os pais precisam entender que toda separação causa um trauma, mesmo que a criança não apresente sintomas, o trauma ficará armazenado no subconsciente da criança e afetará seu comportamento seja ou tarde.

E antes de abordarmos alguns fatores práticos que facilitarão a criação dos filhos de pais separados, é necessário falar diretamente aos pais.

## FAÇA AS PAZES COM O PAI (MÃE) DO SEU FILHO

Não deu certo? Houve a separação? Decidiram tomar caminhos diferentes? Okay! Então agora é hora de agir como adulto maduro e fazer as pazes. Como assim, fazer as pazes? Sim, é isso mesmo que você leu. O fato de você não estar casado mais com o pai de seu filho, não significa que automaticamente ele se tornará um inimigo seu, ou alguém que você terá ódio mortal. Não!

O respeito ainda deve existir entre vocês, afinal, vocês tiveram uma história, tiveram um filho, e estarão na vida um do outro pra sempre! Então, o melhor a ser feito nesse momento é estar em paz, é ser adulto e responsável pela decisão que você tomou, para que ela não afete o emocional de seu filho.

Eu vejo muitos pais separados brigando em frente seus filhos ou falando mal do pai ou da mãe para o filho. Tudo isso, causa transtorno emocional no seu filho e faz com que ele tenha ansiedade, depressão, pânico, medo, insegurança e etc.

Por isso, é tão importante que o pais separados estejam bem um com o outro, para que a relação deles seja saudável e venha contribuir para o bom andamento das coisas e também contribuir de forma positiva para a saúde emocional de seu filho.

## SEU FILHO NÃO TEM A CULPA

Seu filho não é culpado pela sua separação, então não coloque ele em posição de culpado. Muitas vezes, os pais agem como seu o filho tivesse a culpa, e faz com que seu filho tivesse feito algo para provocar a separação.

É importante falar isso para seu filho. Deixe-o saber que ele não tem a culpa, que a separação foi algo decidido entre os adultos e que ele não tem nada haver com a separação, para que ele não carrega essa culpa, ou esse peso.

Tenha comunicação com seu filho. Eu vejo pais errarem por não se comunicar com seus filhos, por não dialogar ou explicar, para que haja clareza e entendimento da situação.

Os filhos merecem uma explicação! Eles fazem parte da família, eles devem saber o que aconteceu; portanto, de forma sábia você deve falar o ocorrido, para que a criança tenha entendimento, e não só fique sabendo por ver que os pais não estão mais juntos.

## SEJA SÁBIO EM SUAS PALAVRAS E COMPORTAMENTO

Em atendimentos com pais que se separaram eu vejo muitos errando nesse ponto. Eles não ponderam suas palavras e atitudes em relação ao pai que já não está presente na casa onde o filho mora. Se o pai ou a mãe já não estão lá, então todo o respeito foi embora, e o nome do pai ou da mãe já é mencionado de forma negativa; e isso, pode causar sérios problemas psicológicos em seu filho, e além disso, fazer com que seu filho não tenha interesse em se relacionar com o pai separado.

Agora, é necessário ter maturidade e não misturar as coisas. O pai ou a mãe continuam fazendo parte da sua vida e da vida de seu filho, e isso não precisa mudar só porque houve separação. É importante que o filho tenho contato com os dois, e é importante que o filho tenha paz com os dois.

Portanto, não seja agente do mau, destilando veneno no coração do seu filho em relação ao pai separado. Seja sábio em suas palavras e comportamento.

Evite fazer comentários negativos, maldosos e injustos. E não use seu filho para fazer desabafos em relação ao que não deu certo ou no que você não concorda.

## SEJA UM AGENTE DO BEM

Por mais que você não concorde com o pai ou a mãe de seu

filho, fale positivamente sobre ele, e seja um agente do bem.

Entenda que o que não deu certo pra você não significa que não vai dar certo para seu filho. O relacionamento do pai ou mãe separada com o filho pode dar certo. E é bom que dê certo. É saudável que dê certo, pois é importante que seu filho mantenha esse contato.

E muitas vezes, por orgulho dos pais, os filhos não se relacionam bem com o pai que não está mais vivendo debaixo do mesmo teto. E isso é resultado de imaturidade do pai. E essa imaturidade pode estar causando dores e sequelas emocionais em seus filhos.

Portanto, não faça esse papel de agente do mal, seja agente do bem. Seja maduro, seja leve, seja justo.

### TENHAM TEMPO JUNTOS

Nada impede você de sentar a mesa junto com seu ex. Se isso servirá para proporcionar um tempo de qualidade para os filhos, então isso é válido e possível.

Seus filhos precisam ver você se relacionar bem com o seu ex. Isso é extremamente importante e necessário. Então, marque um jantar, um passeio, ou um tempo que vocês podem passar juntos, fazendo alguma atividade ou comendo à mesa juntos. Isso proporcionará memórias felizes na mente de seus filhos e isso trará segurança à eles.

Você não precisa concordar 100% com seu ex para passar tempo com ele. Tenha em mente que esse tempo juntos estará beneficiando seus filhos e a saúde emocional deles. Tenha maturidade, mantenha o foco, seja sábio. É possível se relacionar com que você já não tem convivência, isso se chama maturidade.

### QUANDO VOCÊ DESISTE, SEU FILHO DESISTE

Se você desistir de manter relacionamento com seu ex, seu filho provavelmente fará o mesmo, pois temos aprendido aqui que somos modelos para nossos filhos.

Muitos pais reclamam com seu ex por não manterem o relacionamento com seus filhos, mas eles também não estão fazendo sua parte. Pais que falam mal do seu ex em frente os filhos estão fazendo com que eles tenham um sentimento negativo a respeito do pai separado.

Muitas vezes é o próprio pai (mãe) que estão afastando o pai separado de seus filhos. E se você desistir, seu filho também irá desistir; isso é muito provável.

Portanto, não desista de manter um relacionamento de amizade com seu ex; pois isso é importante para seu filho.

## PLANEJE

A partir do momento que um dos pais já não moram com seus filhos, e necessário fazer um planejamento de como as coisas ficarão, quando eles verão os filhos e quanto tempo estarão com eles.

Esse planejamento irá ajudar a organizar a situação e fazer com que o relacionamento não entre eles não sofra.

Se antes da separação a criança tinha acesso direto ao pai, não corte isso, deixe o filho continuar tendo acesso, por telefone, por visitas e o que for preciso.

Entenda que qualquer decisão radical irá afetar o emocional de seu filho; e isso pode trazer uma série de dificuldades comportamentais, emocionais e sociais.

Deixe que o pai separado tenha liberdade de ser espontâneo, caso o pai queira surpreender o filho com um visita, com uma ida ao cinema, à sorveteria ou o que seja. Isso também ajudará seu filho a manter um relacionamento saudável com seu filho.

## TENHA RESPEITO POR QUEM UM DIA VOCÊ SE RELACIONOU

Caminhos diferentes não precisam fazer de vocês inimigos. Se vocês já não concordam, se houve traição, ou alguma situação indelicada, é provável que o emocional de vocês tenha sido abalado. Isso é normal.

Dê tempo ao tempo; não seja cruel com você mesmo. Guardar mágoa, rancor, ódio de quem um dia você se relacionou amorosamente não te trará benefício algum; pelo contrário, deixará você pesado, amargurado e opressivo. E isso, pode afetar seu relacionamento com seus filhos.

Se você não está conseguindo lidar com a situação após a separação, procure alguém, fale com alguém, desabafe com alguém, procure um profissional. Mas não se torne em um inimigo do seu ex. Tenha respeito pela pessoa que ele é, independente do que aconteceu, de quem esteve certo ou errado, seja adulto.

O melhor é que vocês convivam bem, com respeito, que tenham uma boa comunicação, que sejam leves, e que mantenham a paz. Isso fará com que vocês mantenham uma memória boa da vida que vocês tiveram juntos; e também trará benefícios à seus filhos.

## NÃO BRIGUE NA FRENTE DE SEUS FILHOS

Sendo você casado ou separado nesse momento, você não deve brigar na frente de seus filhos; pois brigar na frente deles pode causar medo e insegurança.

Você pode até pensar que eles não estão entendendo o motivo da discussão, mas eles estão ouvindo tudo e por mais que não demonstrem eles estão entendendo tudo.

A briga do casal pode causar seus filhos à terem ansiedade, pesadelos, ataque de pânico, depressão, angústia, tristeza, insegurança, e tantos outros problemas.

Crianças que são testemunhas de abuso físico ou emocional ficam traumatizadas, e têm sérios problemas na escola e também em seu desenvolvimento mental.

Um artigo chamado "Briga na frente dos filhos jamais", publicado pelo site Sempre Família, sugere o seguinte:

"...Conflitos são normais, mas, se os pais não gerenciam bem, brigam com frequência e intensidade, ensinam aos filhos exatamente o modelo de que conflitos são resolvidos com agressividade, gritos, falta de comunicação etc...

...As crianças tendem a copiar, mesmo inconscientemente, o comportamento dos pais.

Fica um sentimento grande de insegurança e, muitas vezes, as crianças se culpam, achando que elas mesmas são a causa das brigas.

Quando as crianças já são um pouco maiores, as brigas provocam a sensação de futura perda, pois elas concluem que as brigas vão separar o casal e elas vão deixar de ter um pai e uma mãe.

Há uma reprodução do clima de briga na vida adulta ou mesmo agressão da criança com outras crianças.

Medos que podem gerar problemas de sono, alimentares, de

aprendizagem.

Ainda assim é importante que em casa todos entendam que divergências sempre vão acontecer e dificilmente haverá concordância em todos os casos. Se o respeito e a cordialidade forem mantidos, certamente os filhos entenderão isso. Mas, no caso de uma discussão mais pesada ou calorosa, o ideal é que os pais conversem com o filho. "Minha orientação é chamar a criança para conversar e explicar que existe a diferença de opinião entre o papai e a mamãe, que os dois exageraram um pouco, mas que todos se amam dentro da família".

Se os pais tem algo a falar um para o outro, um assunto delicado, não façam isso na frente das crianças, esperem para falar quando estiverem a sós. Assim vocês estarão zelando pela saúde emocional de seus filhos.

## PREZE PELA HARMONIA

Outro dia eu li a seguinte frase: "Não existe filho triste de pais separados, existe filho triste de pais que brigam".

Vejam como a separação não é o motivo pela tristeza dos filhos, e sim a falta de harmonia. Pais que se separam podem ainda manter a harmonia entre eles. Sim, é possível; e isso é o que seu filho precisa.

Não é ideal que filhos cresçam com pais separados, mas também não é ideal que seus filhos cresçam em um ambiente desequilibrado, agressivo, abusivo e disfuncional.

Muitos pais vivem a vida inteira ameaçando uma separação, e inclusive falam isso na frente dos filhos, fazendo com que eles se sintam inseguros à todo tempo, mas não se separam, mas também não dão um exemplo de família emocionalmente saudável.

Não quero aqui incentivar os pais que não se dão bem a se separarem. Mas também não posso dizer que isso é saudável. Portanto, se vocês pais estão juntos, façam o relacionamento de vocês dar certo, pela sua própria saúde mental e a de seus filhos.

É possível viver em harmonia após a separação, e se necessário for, busque ajuda profissional para que vocês continuem se dando bem, se relacionando bem, para que isso sirva como exemplo para seu filho.

Todos nós sabemos que filhos de pais separados, podem

também se separar quando tiverem seus relacionamentos conjugais, mas não precisa ser assim, se os pais forem proativos e sábios a respeito do que estão passando para seus filhos.

Uma conversa franca a respeito é válida também. Sente-se com seu filho e fale os motivos pelos quais você decidiu se separar, para que isso venha tranquilizá-lo, e explique para ele que um relacionamento que não deu certo não significa que nenhum relacionamento dará.

Um artigo chamado "Pais separados: 6 formas de diminuir os impactos nos filhos", publicado pelo site Escola da Inteligência fala sobre 6 pontos que pais de filhos separados precisam estar atentos, confira abaixo:

### 1. Explique a situação da forma mais clara e sincera possível

Você não precisa entrar nos detalhes sobre os motivos da separação (dependendo da idade em que está, a criança não conseguirá compreender a situação como realmente é), mas procure ser claro sobre a nova situação familiar. Não é necessário, nem saudável, inventar mentiras ou desculpas como viagens, por exemplo.

É comum falar para a criança que os pais "não se amam mais". Sendo possível, evite essa expressão, pois ela pode deixar a criança insegura. Pode ocorrer, no momento em que o pequeno tiver um desentendimento com a mãe ou com o pai, dela imaginar que também não é mais amada.

### 2. Busque não contaminar a criança com rancores do casal

Se o relacionamento não terminou bem, evite transparecer raiva do parceiro na frente da criança. Isso pode deixá-la angustiada. Tente aproveitar a separação como uma oportunidade para demonstrar o sentido da palavra respeito. Seja sempre cordial com o ex-parceiro.

Além disso, para não quererem ter contato com o ex-parceiro, alguns pais diminuem a convivência com a criança. Isso pode trazer diversos sentimentos para elas, que podem se sentir até culpadas pela separação, mesmo que de maneira inconsciente. Procure encontrar estratégias que facilitem os encontros com a criança, fazendo-a perceber que a questão ocorreu somente entre o casal e que isso não muda a relação de cada um com ela.

### 3. Escolha sempre usar uma linguagem amorosa com a criança

Você precisa ser direto, firme, mas não precisa ser duro. Ao falar com a criança, seja objetivo, mas sempre demonstrando muito amor e carinho. Ela precisa sentir que continuará sendo amada e protegida, independentemente da situação pela qual os pais estão passando.

Por exemplo, ela pode vir a perguntar sobre o momento pelo qual a família está passando, questionando sobre a rotina, a configuração da casa (quem vai morar com quem). Evite repreendê-la, responda com sinceridade e seja carinhoso, escolhendo palavras que passem segurança para a criança.

### 4. Tente não fazer da criança sua confidente ou aliada

Por mais que você esteja sofrendo, não torne a criança sua confidente ou aliada. Ela ainda não tem estrutura psicológica e emocional suficientemente desenvolvida para lidar com a própria dor, muito menos com a sua dor. Isso pode gerar estresse infantil.

Vale lembrar que, assim como você, ela também está sofrendo, e sobrepor a sua situação emocional à dela pode trazer problemas futuros. Da mesma forma, não use o pequeno como intermediário de sua comunicação com o ex-parceiro.

### 5. Reorganize a rotina da criança o mais rápido que puder

A separação é um momento delicado para toda a família e, por menor que sejam, as crianças percebem as mudanças ao redor.

Seja claro quanto à nova rotina: o que precisará ser mudado, como funcionarão as idas à escola, como será o dia a dia da criança (em qual das duas casas vai dormir, e em quais dias da semana, com quem passará os fins de semana). Tendo tudo estabelecido, esforce-se ao máximo para manter a rotina combinada.

## 6. Lembre-se de comunicar à escola

Professores são parceiros na educação dos seus filhos. Comunicá-los da nova situação familiar é importante para que eles possam se manter atentos ao comportamento da criança. Reações incomuns, como choros sem motivos aparentes, introspecção extrema, ou até mesmo reações mais agressivas, podem ser percebidas pelos educadores e reportadas aos pais, ajudando na adaptação à nova situação familiar.

A demonstração do amor que sentem por seus filhos, por meio do diálogo e do respeito, deixando claro que a família não acabou, apenas se reestruturou, irá colaborar para que eles construam uma visão positiva sobre relacionamentos amorosos, permitindo que se desenvolvam mais saudáveis emocionalmente.

## PAIS SEPARADOS, ROTINAS DIFERENTES, CASAS DIFERENTES

Uma das coisas mais difíceis de lidar quando os pais se separam, é a questão da rotina da criança, tipos de educação diferentes, casas diferentes, costumes diferentes, e como tudo isso pode causar alguns problemas.

Eu atendo muitos pais que tem esse tipo de problema e na maioria das vezes, a causa desse problema é resultado de falta de comunicação dos pais.

Os filhos vão para a sua segunda casa e voltam com presentes, roupas, sapatos, relógios, eletrônicos, e tudo isso não tinha sido conversado ou planejado pelos pais. E isso acarreta uma série de problemas que podem ser resolvidos se os pais estivessem de acordo.

Portanto, converse com o seu ex à respeito dessas coisas, a respeito de rotina, de presentes, de passeios e etc; pra que você entrem em um acordo, pois mesmo vivendo em casas diferentes, isso é possível.

Como foi mencionado no início desse capítulo, vocês ainda precisam manter uma comunicação saudável um com o outro, então, se comuniquem, planejem, para que você estejam de acordo com a criação dos filhos.

Se por exemplo, a criança não cumprir determinadas tarefas, ela não poderá receber uma recompensa, ou seja, um presente quando for em um shopping; e isso precisa ser entendido pelo pai e pela mãe, para que não haja desacordos e complicações futuras à respeito disso.

Se na casa da mãe a criança não pode tomar sorvete antes do jantar, então na casa do pai ele também não poderá; e isso mostrará que vocês estão zelando pela boa criação dos filhos, mesmo que estejam em ambientes diferentes.

O que muitos pais fazem é entrarem em uma disputa ou em uma competição para ver quem dá mais presentes, quem faz mais viagens, quem deixa assistir mais televisão, ou ficar no celular por mais tempo. Mas essa disputa estará sendo prejudicial à seu filho, pois isso fará com que ele tenha um pai preferido por achar que esse pai deixa ele fazer tudo que quer; e isso não é de jeito nenhum saudável para ele.

## PONTOS PARA SEREM FIXADOS – CAPÍTULO 4

1 – Seu filho não tem a culpa.

2 – Não desista de manter um relacionamento saudável com seu ex.

3 – Planejamento é extremamente importante para pais separados.

4 – Caminhos diferentes não precisam tornarem vocês inimigos.

5 – Sua convivência com seu ex determinará a saúde emocional de seu filho.

## EXERCÍCIO

• Comece a relacionar-se bem com seu ex hoje mesmo.

• Faça o planejamento de visitas.

## ANOTAÇÕES

_____

_____

_____

_____

_____

_____

_____

_____

# CAPÍTULO 5

# RECONHECENDO QUE MEU FILHO É UM SER COMPOSTO DE EMOÇÕES

Precisamos entender que nossos filhos tem emoções, que precisam ser compreendidas primeiramente por nós – pais. Desde o nascimento os pais precisam estar atentos a área emocional de seus filhos. A partir do primeiro encontro com a criança, nós já estamos demonstrando afeto por maneiras diversas, tais como por palavras, um toque, um olhar, pelo tom da nossa voz, ou pela nossa presença no ambiente. O bebê já pode compreender a forma como você lida com ele.

## TEMPO

Para conseguirmos compreender emoções precisamos de tempo. E tempo é o que muitos pais dizem não ter. Antes de publicar esse livro, eu fiz uma enquete em uma rede social e a maioria dos pais que participaram, disseram não ter tempo suficiente para estarem com seus filhos, pois a demanda do trabalho, dos afazeres ou até mesmo preocupações os impedem de desfrutar de um tempo de qualidade intencional com seus filhos.

E para tudo na vida, é necessário tempo. E o que eu digo para os pais é o seguinte: Não te falta tempo, te falta organizar e priorizar o que é importante; e seu tempo com seu filho precisa estar no topo da lista de suas prioridades. Pois o que é colocado em segundo plano, se sentirá como segundo plano, e isso afetará suas emoções, o que também pode prejudicá-lo e causar marcas e traumas.

Portanto, para entender as emoções de seu filho, você precisa reservar tempo para isso, tempo para estar com ele, escutá-lo, desenvolver diálogo, brincar, criar afinidade, intimidade; e então assim, você estará mais apto à entender como seu filho se sente.

## INFORMAÇÃO

Para entender algo, precisamos nos informar. Para nos informar, precisamos ler, ouvir, ver. A leitura é muito importante nesse momento, tanto para os pais que precisam se informar sobre o assunto quanto para os filhos, que serão os receptores dessas informações.

Por isso, será necessário você se sentar com seu filho e conversar com ele sobre suas emoções, sobre quais tipos de sentimentos somos compostos, como lidar com eles e como expressá-los de forma saudável.

Entender o que são emoções é o primeiro passo. Acredite, muitas pessoas ainda não sabem!

Nós possuímos pelo menos sete emoções básicas. Abaixo você verá essa tabela de emoções:

| FELIZ | SURPRESO | RAIVA | ANIMADO |
| ENTEDIADA | CANSADO | AMOROSA | TRISTE |

Conhecer os tipos de emoções facilitará a sua comunicação com seu filho. Muitas vezes, diante à uma situação difícil, ele não conseguirá se expressar, quando isso acontecer, faça uso dos cartões acima para que seu filho identifique como ele está se sentindo.

## LIVROS QUE ABORDAM EMOÇÕES QUE OS PAIS PODEM LER COM SEUS FILHOS

Muitos pais não se sentem preparados ou até mesmo capacitados para falarem sobre emoções para seus filhos e explicar para eles o sentido de cada emoção e como lidar com elas.

Em vista disso, você pode comprar livros e ler com seus filhos para que eles aprendam a lidar com suas emoções.

Veja abaixo uma lista de livros que abordam o tema de forma divertida, criativa e explicativa:

- Divertida Mente – Emoções no comando, Disney
- O medo e seus disfarces, por Marina Caminha
- A raiva, por Blandida Franco
- Teimosinha, por Fabrício Carpinejar
- Mari e as coisas da vida, por Tine Mortier
- Acredite, por André Bello e Ana Bello
- A Princesa Imperfeita, por Gabriela Moreira, Sebastião Almeida e Carmen Neufeld
- Quando sinto inveja, por Trace Moroney
- A parte que falta, por Shel Silverstein
- Errar faz parte, perdoar faz bem, por Aline Reis e Carmen Neufeld

## A IMPORTÂNCIA DE AJUDAR SEU FILHO A LIDAR COM AS EMOÇÕES

Quando você ajuda o seu filho a identificar suas emoções, você também o está ajudando a identificar o motivo pelo qual ele se sente dessa forma. Quando você o ajuda a identificar, você também o ajuda a expressá-las de forma positiva e assertiva.

Outro benefício é mostrar alternativas para a resolução do problema.

Você também pode usar da empatia para se colocar no lugar de seu filho para entender como ele está se sentindo.

Uma certa ocasião eu cheguei em casa, e fui colocar minha bolsa com meus arquivos de pacientes em meu escritório, um costume que eu faço todos os dias quando chego da clínica onde trabalho.

Nesse dia, meu filho de seis anos, chegou até mim e disse que queria ordenar um brinquedo que ele tinha visto na internet. Eu o perguntei que brinquedo era, ele me disse. Então eu disse a ele que não poderia comprar aquele brinquedo naquele momento, que ele teria que esperar.

Imediatamente ele ficou bravo, cruzou os braços e olhou para mim, e ainda muito nervoso, disse para mim que queria que eu ordenasse o brinquedo naquela mesma hora.

Eu entendi o porquê dele ter ficado bravo, é óbvio, ele queria o brinquedo e eu disse que não podia comprar naquela momento. Então, ao invés de brigar com ele e fazer com que a situação ficasse ainda pior, eu decidi chamar ele até mim, onde eu estava sentada, e conversar com ele.

Então eu o sentei em meu colo, e disse: Eu entendo o motivo pelo qual você ficou triste agora, e perguntei: Porque você quer esse brinquedo? E ele disse: Porque eu vi e achei legal, e queria um também. Naquele momento eu vi que poderia dar a ele outra alternativa. E disse à ele assim: Você poderia esperar até irmos em uma loja onde poderemos achar esse brinquedo? Pois eu penso que em uma loja o brinquedo não estará tão caro quanto esse que está aqui nesse site da internet.

Assim, você pode brincar com o brinquedo no mesmo dia, ao invés de esperar alguns dias para que o brinquedo chegue em nossa casa por correio, e ainda fazer a mamãe gastar mais dinheiro que necessário nesse brinquedo.

Ele entendeu a minha colocação e o minha ideia, se acalmou, me abraçou, me agradeceu, e saiu do meu escritório todo feliz, pois eu validei seus sentimentos e ainda consegui oferecer à ele alternativas.

Quando você faz isso, você identifica o motivo e ainda consegue dar outras alternativas para a resolução do problema. Isso não só facilita a resolução, quanto ensina seu filho a lidar com situações difíceis.

## COMO EDUCAR SEM DIZER A PALAVRA NÃO!

Outro ensinamento de extrema importância que eu digo às famílias que eu trato é não fazer uso da palavra não.

Mas você pode estar se perguntando nesse momento: Mas como? Eu preciso corrigir o meu filho, eu preciso dizer não para ele. Sim, isso é fato. Você pode sim dizer não para ele. Mas eu prefiro não dizer, e usar palavras positivas com meu filho.

Um texto chamado "Educar sem dizer não", publicado no site Família, mencionou o seguinte:

*"Utilizar a palavra não é tão natural quanto respirar. Se parar para contar quantas vezes essa palavra é utilizada no dia a dia analisaremos quantas oportunidades perdidas de contato maior foram perdidas.*

*Cada palavra não é uma negação. Uma negação de explicação. Pode parecer estranho esse assunto, pois já é natural usar essa* palavra muitas vezes no dia, principalmente com as crianças.

Que a palavra não é uma negação já sabemos. Mas como repreender usando palavras positivas?

É isso que iremos abordar aqui. Para iniciar, quem irá necessitar trocar seu vocabulário e a maneira de pensar são os adultos.

Mudar toda a cultura a qual foram criados pode parecer um pouco complicado.

Tem uma frase que eu digo sempre: "Onde há um desejo, há um caminho". Por isso, se você está lendo este artigo, é por estar com esse desejo de mudança.

Parar de utilizar a palavra não pode nos fazer pensar: Então, o que usar? Iremos deixar as crianças se governarem e sem limites?

Não utilizar a palavra não força o adulto responsável pela criação da criança buscar uma explicação e automaticamente um contato maior com a criança.

Levando a pensar no que irá explicar de acordo com a idade da criança e as chances do ato se repetir diminuir. Parece dar trabalho? Realmente o que vale a pena e melhor resultado dá trabalho sim.

Poderíamos trocar de lugar e pensar o que gostaríamos de ouvir: o NÃO ou uma explicação?

Poderia se perguntar: Por que o não? E buscar alternativas para substituí-lo.

O maior desafio será esse: a busca por explicação e desapego da palavra não.

É utilizada tanto a palavra não que a criança antes mesmo de aprender a falar já faz com a cabeça "não".

"Filha, não mexa na geladeira".

"Filha, saia da frente da geladeira. Você pode ficar gripada".

Sei como é essa fase de transição. Parar de utilizar essa palavra chega a ser engraçado no início.

Outro exemplo:

"Filho, não coma seu lanche no sofá".

"Filho, come à mesa, pois seu lanche pode cair no sofá e sujar. A mesa é o lugar mais seguro."

"Filho, não pega tua irmã no colo."

"Filho, sei que você gosta muito da mana, então ao pegar a mana no colo vocês dois podem cair e se machucarem."

Toda vez que utilizar esse ensinamento observará o quanto

*essa conversa aproximará seu filho e o conhecimento do certo e do errado realmente será adquirido.*

Busque suas alternativas para essa substituição e avalie o retorno disso em sua família. Para ter um retorno maior é necessário se familiarizar com esse novo método de que está sendo muito comentado de disciplina positiva."

## OS BENEFÍCIOS DE EDUCAR SEM DIZER NÃO

Um dos benefícios de educar sem dizer não é promover ensinamento.

Quando você usa a palavra NÃO você somente está dando uma ordem negativa à seu filho, e nada além disso.

Quando você busca uma alternativa e não usa a palavra NÃO, você automaticamente precisa dar uma explicação para que ele não faça tal coisa que teria consequência negativas para ele. Assim como vimos alguns exemplos mencionados acima. Quando você explica, você promove ensinamento.

Outro benefício é promover diálogo entre vocês. Quando você explica, você automaticamente está participando de um diálogo, mas quando você somente diz não, você encurta muito o que poderia ser uma oportunidade de aproximação entre vocês.

Veja abaixo essa tabela com algumas sugestões:

## EDUCAR COM O NÃO

## EDUCAR SEM O NÃO

| EDUCAR COM O NÃO | EDUCAR SEM O NÃO |
| --- | --- |
| "**NÃO** suba aí, nessa cadeira." | "As cadeiras são para sentar, por favor, fique de pé no chão." |
| "**NÃO** coloque a mão no fogão." | "Pare!" "Perigo!" ou "Quente!" |
| "**NÃO** puxe o rabo do cachorro." | "Quando você machuca o cachorro, ele fica triste. Vamos ser gentis?" |
| "**NÃO** batemos quando estamos com raiva, **NÃO** bata no seu irmão, **NÃO** levante a mão para a mamãe." | "Você consegue dizer com uma palavra o que está sentindo? " |
| **NÃO** pegue o telefone." | "Mamãe pode ter o telefone, você pode ter este brinquedo " |

## O QUE VOCÊ PODE DIZER PARA UMA CRIANÇA QUE ESTÁ CHORANDO

Lidar com o choro pode ser desafiador. É realmente difícil manter a calma quando uma criança está chorando, e quando esse choro já se tornou em birra ou pirraça. O natural é ficarmos nervosos e pedirmos para a criança parar de chorar. Sim, essa é a primeira coisa que vem em nossa mente.

Mas, existem muitas outras coisas que você pode dizer para seu filho quando ele estiver chorando, olhe a figura abaixo:

# TROQUE O "PARE DE CHORAR", POR:

TUDO BEM
VOCÊ ESTAR
TRISTE

VOU TE AJUDAR
A ENFRENTAR
ISSO

QUANDO VOCÊ
SE ACALMAR,
NÓS PODEMOS
CONVERSAR

ESTOU AQUI
COM VOCÊ

ESTOU TE
ESCUTANDO

EU SEI QUE
PARECE INJUSTO

EU ENTENDO O
QUE VOCÊ ESTÁ
SENTINDO

EU SEI QUE
ISSO É DIFÍCIL
PRA VOCÊ

VOCÊ PODE ME CONTAR
O QUE ACONTECEU?

## TODO EXTREMO REVELA UMA FALTA

Você já ouviu a frase acima? Todo extremo revela uma falta. Isso é verdade em quase todas as áreas de nossas vidas. E muitas vezes, podemos aplicar isso para entendermos melhor nossos filhos.

Quando a criança está usando comportamentos extremos para chamar sua atenção, ela pode estar tendo falta de algo, que na maioria das vezes é sua atenção.

Uma criança que chora sem parar, ou se comporta de maneira negativa está sentindo falta de afeto, de diálogo ou de tempo de qualidade. Muitas crianças se comportam de formas extremas porque está lhe faltando algo dos pais.

Em casos que eu atendo que apresentam esse quadro, a maioria das crianças dizem não ter os pais por perto, a atenção deles, pois eles estão muito ocupados, sempre trabalhando ou atarefados com algo.

E para chamar atenção de pais que já não veem os seus filhos, os filhos adotam comportamento extremos para que os pais olhem para eles para que vejam o que eles estão fazendo.

Muitos desses pais até negam que isso aconteça com eles. Em um certo atendimento em família, eu tive a filha e mãe de frente uma para a outra, a filha já na adolescência, teve oportunidade de falar o que estava sentindo para a mãe. A mãe, nesse mesmo instante, estava olhando para baixo, olhando para a tela de seu celular. Enquanto a filha falava para a mãe que tudo o que ela fazia era passar o dia no celular, a mãe teve coragem de responder, sem ao menos levantar o olhar em direção à sua filha, dizendo que ela não sabia do que ela estava falando.

Nesse momento, eu tive que intervir, olhei em direção a mãe, e perguntei: O que é que você está fazendo agora? A mãe olhou para mim e disse: Não sei! Então, eu disse à ela: Eu sei, você está olhando para o seu celular e não teve a capacidade de olhar para sua filha quando ela estava falando com você, enquanto você estava fazendo exatamente o que sua filha falou. Então, eu pedi que ela me desse o celular por um instante para que ela pudesse olhar para sua filha durante a sessão de terapia. A mãe me passou o celular, mas mesmo assim não conseguia encarar sua filha. Aquela sessão durou quase 2 horas, até que a mãe conseguiu levantar o olhar para sua filha, e no final elas estavam e abraçando e pedindo perdão uma para a outra.

Por causa dessa atitude em ignorar as necessidades emocionais da filha, a filha já estava tendo problemas de comportamento na escola, já estava se envolvendo sexualmente com pessoas mais velhas que ela, e já estava cortando seus braços, ou seja, estava gritando por socorro adotando comportamentos negativos e destrutivos; pois ela não tinha da mãe o que ela tanto precisava.

Portanto, entenda isso, todo extremo revela uma falta.

## USANDO PALAVRAS DE AFIRMAÇÃO

Nossas palavras também são meios de expressão de amor. Tudo que dizemos a respeito de nossos filhos, eles acreditam. Então, libere palavras positivas e de afirmação sobre seu filho.

Eu costumo dizer que o que não é afirmação, é condenação. E acredite, é assim mesmo que funciona. Pois se nossas palavras tem poder, então elas tem poder para levantar ou para abater. Para construir ou destruir. Para afirmar ou para condenar.

Se um pai por exemplo usa palavras negativas sobre seu filho, isso terá muito poder sobre ele, e servirá para condená-lo a sempre ter comportamentos negativos.

Quando a criança erra, e você aponta o erro, ao invés da tentativa de acerto, você o estará condenando a errar mais um vez. Pois o que você disse à ele, é o que ele vai acreditar.

Mas quando você ressalta a tentativa e libera palavras positivas, tais como: Meu filho, dessa vez não deu, mas eu sei que você consegue, tenta mais uma vez, eu tenho certeza que você é capaz.

Outro aspecto dentro desse tema é o fato de que você só terá o que der. Se você der palavras rancorosas, e atitudes que diminuem seu filho, não fique surpreso quando ele usar as mesmas palavras com você. Se você der respeito, terá respeito. Se você der amor, terá amor.

Veja a figura abaixo:

# 9 COISAS QUE TODA CRIANÇA PRECISA OUVIR!

1 - Eu amo você!

2 - Estou orgulhosa de você!

3 - Me desculpe

4 - Eu te desculpo

5 - Estou te ouvindo

6 - Isto é sua responsabilidade

7 - As suas ações
geram consequências

8 - Como você
consertará o que fez?

9 - Você quer tentar de novo?
(Diante de um erro ou fracasso)

## NÃO GRITE COM SEU FILHO

Outro dia eu li a seguinte frase que me muito me chamou atenção: "Os gritos não educam, eles ensurdecem o coração, bloqueiam o pensamento, destroem o respeito e tornam você violento."

Gritar não é ensinar e muito menos corrigir. Eu digo que o grito é uma fuga para quem não quer levar tempo corrigindo. Pois todos nós sabemos que corrigir leva tempo, e exige paciência de nós. Mas o que não empenhamos tempo e energia não conseguimos fazer bem feito.

Você já viu alguém aprender tocar um instrumento da noite pro dia? Eu nunca vi. Pois isso exige prática, tempo e dedicação, assim como a criação de nossos filhos. Tudo que é bem feito passou pelo processo do tempo e da dedicação.

Veja o que acontece com o cérebro de seu filho quando você grita com ele:

## LINGUAGENS DE AMOR

Tem um livro de Gary Chapman chamado "As 5 linguagens do amor para crianças" que fala sobre linguagens específicas de amor que cada criança tem como preferência, ou como principal, na qual ela utiliza ou requer para se sentir amada.

Gary definiu 5 linguagens: Contato Físico, Presentes, Palavras de Afirmação, Atos de servir e Tempo de Qualidade.

Quando você entende qual linguagem seu filho precisa usar para receber e dar amor, você consegue melhorar seu relacionamento com ele e vice-versa.

Mas, você pode estar dizendo assim: Mas eu amo meu filho, e ele sabe que eu o amo, pois eu falo, eu expresso, eu cuido dele, e etc. Isso é muito bom e necessário que você faça, mas assim como você tem uma preferência por receber amor de uma forma específica de quem você ama, seu filho também tem essa necessidade.

Meus dois filhos possuem linguagens de amor diferenciadas. O mais velho gosta de tempo de qualidade e contato físico, o mais novo já gosta de presentes e palavras de afirmação. E entendendo o que eles precisam, eu consigo me relacionar melhor com eles e supri-los em suas necessidades.

Imagina se eu não soubesse me relacionar com eles em suas linguagens preferidas? Talvez eu estaria fazendo de tudo para agradá-los e não conseguiria obter nenhum sucesso, ficaria frustrada, e eles não se sentiriam compreendidos? Pois esse é o resultado de quem não é suprido – incompreensão e frustração.

## DESENVOLVENDO INTELIGÊNCIA EMOCIONAL NA CRIANÇA

Ter uma criança que tem inteligência emocional não significa que ela não irá chorar, se irritar ou até mesmo se frustar; mas ela conseguirá lidar melhor com suas emoções e também se relacionar melhor com sua família e seus amigos.

Uma criança que tem capacidade de reconhecer seus próprios sentimentos possui inteligência emocional (QE).

Confira 5 pontos-chave que você pode trabalhar com seu filho para que ele desenvolva QE:

### Autoestima

Autoestima não é elogiar a aparência de seu filho, para que ele se veja bem de frente ao espelho. Construir a autoestima de seu filho tem haver com fazê-lo entender a capacidade que ele possui de executar tarefas e o esforço que emprega em executá-las. Quanto mais você incentivar seu filho, mais ele acreditará que pode e mais se sentirá seguro, confiante e isso contribuirá com sua autoestima.

### Desenvolva um vínculo afetivo

Vínculos afetivos exigem empenho, intensão e esforço; e isso fará com seu filho sinta que ele é importante e especial.

Eu sempre digo aos pais que trato em terapia que é necessário falar com a filho o porque de vocês estarem fazendo algo juntos.

Quando saírem, fale o porque de estarem saindo para um passeio, para que eles saibam que eles são o foco, e que esse passeio é especial porque eles estarão presentes.

### Resiliência

Resiliência ó que você precisa ensinar seu filho para que ele tenha capacidade de lidar com obstáculos que ele possivelmente venha ter. A resiliência também pode proteger seu filho de uma depressão, aumenta sua satisfação e também melhora a aprendizagem. A resiliência é uma habilidade, e ela depende de uma interação com o outro. Ela é desenvolvida quando a criança aprende à esperar, ceder ou até mesmo recuar diante uma situação. Crianças que tem tudo na hora que pede e não aprende à esperar, não desenvolve resiliência. Portanto, não dê tudo para o seu filho na hora que ele pedir. Faça-o entender que ele precisa esperar o tempo certo para as coisas acontecerem.

### Brincadeiras

Eu atendo muitos pais que criam seus filhos como se fossem adultos. As crianças não tem tempo para brincadeiras, os pais não brincam com elas e elas não fazem absolutamente nada relacionado a idade delas.

Eu digo que uma criança precisa ser criança, manter a inocência, a espontaneidade e a alegria.

Uma criança precisa se divertir, sorrir, pular, brincar, dar gargalhadas, ser livre. Tudo isso faz parte e colabora com seu desenvolvimento e contribue para sua inteligência emocional.

### Deixe a criança se frustrar

Quando você não permite que a criança tenha tudo que ela deseja, você a está ensinando a realidade, pois a vida não é ter tudo, nem ganhar tudo que quer.

Quando uma criança perde uma partida de jogo de mesa, ensine-a que muitas vezes ela vai perder e também ganhar. Não mude as regras para que ela ganhe sempre, ou para que seja sempre do seu jeito. Uma criança precisa passar por situações de perda, pois isso estará fazendo dela uma criança resiliente.

E se ela chorar, se irritar, ou fizer birra, ofereça conforto e afeto por ela estar se sentindo frustrada ou triste, mas não dê tudo para ela, não faça tudo por ela, não facilite as coisas para beneficiá-la. Pois assim ela aprenderá através de situações difíceis e desafiadoras.

Muitos pais não conseguem levar seus filhos ao shopping ou até mesmo em um supermercado porque as crianças não conseguem se comportar, estão sempre pedindo coisas, brinquedos; e se não conseguem o que querem, elas dão um verdadeiro show e os pais não conseguem controlá-los.

Portanto, quando você estiver com seu filho em algum lugar público e ele pedir algo que você não ache necessário dar, simplesmente diga não, e se a criança chorar, fale que você entende que ele está triste por não ter o que está pedindo, mas não dê só porque ela esta pedindo, pois assim você estará reforçando esse comportamento e ele se repetirá todas as vezes que você levá-lo em algum lugar que tenha coisas que ele quer.

# PONTOS PARA SEREM FIXADOS – CAPÍTULO 5

1 – Para entender as emoções de seu filho, você precisará de tempo e paciência.

2 – Um dos benefícios de educar sem dizer NÃO é promover ensinamento.

3 – Faça uso de palavras de afirmação com seu filho.

4 – Lidar com o choro exigem calma e paciência.

5 – Os gritos inibem o processo de aprendizagem de seu filho.

6 – Desenvolva inteligência emocional em seu filho.

## EXERCÍCIO

• Imprima a lista de Palavras de Afirmação e fixe-a em algum lugar visível e as coloque em prática diariamente com seus filhos.

• Aprenda a linguagem de amor de seu filho.

## ANOTAÇÕES

_____

_____

_____

_____

_____

_____

_____

_____

# Capítulo 6

# DOENÇAS MENTAIS, COMPORTAMENTAIS E EMOCIONAIS

Estatísticas revelam que cerca de 20% de crianças e adolescentes apresentam um ou mais distúrbios diagnosticáveis.

Meu propósito aqui não é alarmar você, mas sim, te informar e te educar à respeito do que são essas doenças para que você tenha entendimento das causas, sintomas e possíveis intervenções.

Quando entendemos as causas dessas doenças, pode ser possível evitar ou prevenir que elas aconteçam; ou também identificar um tratamento eficaz.

Crianças também podem desenvolver doenças mentais assim como os adultos, mas podem expressar de forma diferente.

Crianças deprimidas, por exemplo demonstram sintomas de forma diferente, elas tendem a ficar mais irritadas do que tristes.

## DISTÚRBIOS MENTAIS MAIS COMUNS

Confira a lista de doenças mentais que afetam crianças do artigo chamado "13 sintomas de problemas psicológicos em crianças", publicado no blog Vittude:

### Transtornos de ansiedade

Crianças que têm transtornos de ansiedade, como transtorno obsessivo-compulsivo, transtorno de estresse pós-traumático, fobia social e transtorno de ansiedade generalizada, experimentam a ansiedade como um problema persistente que interfere em suas atividades diárias.

Alguma preocupação é uma parte normal da experiência de cada criança, muitas vezes mudando de um estágio de desenvolvimento para o seguinte.

No entanto, quando a preocupação ou o estresse dificultam o funcionamento normal de uma criança, um transtorno de ansiedade deve ser considerado.

### Transtorno do déficit de atenção e hiperatividade (TDAH)

Essa condição geralmente inclui sintomas de dificuldade de atenção, hiperatividade e comportamento impulsivo. Algumas crianças com TDAH apresentam sintomas em todas essas categorias, enquanto outras podem ter sintomas em apenas uma.

### Transtorno do espectro do autismo (ASD)

O transtorno do espectro do autismo é um transtorno grave do desenvolvimento que aparece na primeira infância, geralmente antes dos três anos de idade. Embora os sintomas e a gravidade variem, o TEA afeta sempre a capacidade da criança de se comunicar e interagir com outras pessoas.

### Distúrbios alimentares

Transtornos alimentares, como anorexia nervosa, bulimia nervosa e transtorno da compulsão alimentar periódica, são condições sérias, até mesmo fatais. As crianças podem ficar tão preocupadas com comida e peso que se concentram apenas nisso e acabam negligenciando outros fatores essenciais para a vida.

### Distúrbios do humor

Transtornos de humor, como depressão e transtorno bipolar, podem levar a criança a sentir sentimentos persistentes de tristeza ou mudanças extremas de humor muito mais graves do que as alterações de humor comuns nas pessoas.

### Esquizofrenia

Esta doença mental crônica faz com que a criança perca o contato com a realidade (psicose). A esquizofrenia aparece com mais frequência no final da adolescência, até os 20 anos.

### COMO IDENTIFICAR DOENÇAS MENTAIS

O que eu sempre digo aos pais é que é necessário observais os sinais. As crianças sinalizam e mostram sintomas. E você, pai, saberá mais que ninguém quando seu filho estiver apresentando um comportamento diferente do que você já está costumado ver.

Ainda nesse artigo, é mencionado 13 sinais que você precisa ficar atento e que podem indicar algum tipo de doença mental:

- A criança está tendo mais dificuldade na escola.
- A criança está batendo ou intimidando outras crianças.
- A criança está tentando se machucar.
- A criança está evitando amigos e familiares.
- A criança está passando por mudanças frequentes de humor.
- A criança está passando por emoções intensas, como explosões de raiva ou medo extremo.
- A criança está sem energia ou motivação.
- A criança está tendo dificuldade em se concentrar.
- A criança está tendo dificuldades para dormir ou está tendo muitos pesadelos.
- A criança tem muitas queixas de dores ou desconfortos físicos.
- A criança está negligenciando a aparência.
- A criança está obcecada com o peso, a forma ou a aparência dele.
- A criança está comendo significativamente mais ou menos do que o normal.

É importante que você procure um profissional na área da saúde mental assim que observar esses sinais em seu filho.

## DISTÚRBIOS COMPORTAMENTAIS

Um artigo chamado "7 sintomas de transtorno comportamental infantil", publicado pelo site Telavita, lista alguns desses distúrbios:

### 1. Linguagem defasada

No início da vida humana, a comunicação é um dos aspectos que mais se desenvolve. Por conta disso, é fundamental prestar atenção na evolução da linguagem verbal e não verbal, pois a sua deficiência pode indicar algum transtorno ou distúrbio.

### 2. Dificuldade de adaptação a situações novas

Identificar essa questão é sutil, afinal, o termo "adaptação" pode ser subjetivo. No entanto, busque algumas pistas do que está acontecendo. O comportamento antissocial na infância é um indicativo de que a criança pode estar encontrando dificuldades ao se defrontar com novos cenários.

### 3. Oscilação de humor

Os estados de humor são sinais importantes para ficar de olho. Se a criança alterna entre momentos de raiva e excitação de forma rápida e injustificada, talvez seja interessante procurar a ajuda de um profissional da área. Humor depressivo e ansiedade constantes também servem de alerta para os pais.

### 4. Falta de atenção

A mera desatenção é normal e ocorre com todas as pessoas. Porém, a repetição desse comportamento por um período prolongado de tempo pode estar relacionado com o Transtorno de Déficit de Atenção e Hiperatividade (TDAH). Apesar de não possuir cura, o diagnóstico precoce e o tratamento correto ajudam na amenização dos sintomas.

### 5. Hiperatividade

Este também é um sintoma que pode possuir relação com o TDAH. Além disso, comportamentos correlatos como impulsividade, inquietação e agressiva são indicativos que os pais devem prestar atenção. Em casos como esse, a ajuda de um profissional é sempre benéfica.

### 6. Comportamentos inadequados

Tais comportamento podem estar relacionados com o Transtorno de Conduta, no qual a pessoa adere uma postura repetitiva e que viola os direitos básicos de terceiros. Geralmente, as crianças com esse transtorno são egoístas e insensíveis, além de poder até a assediar outras crianças.

## 7. Questionamento constante

Nessa situação, a criança desobedece constantemente os pais e ainda adotam uma postura agressiva, além do enfrentamento ser recorrente e hostil. Tais sinais podem significar o Transtorno Desafiador Opositivo, principalmente, se os episódios forem intensos e com frequência elevada. Esse pode ser um dos sintomas de transtorno comportamental infantil.

## COMO IDENTIFICAR DISTÚRBIOS COMPORTAMENTAIS

Crianças com distúrbios comportamentais podem apresentar dificuldades na escola como dificuldade de atenção, baixo rendimento escolar, dificuldade em se relacionarem com outras crianças ou professores, comportamento violento, crises de raiva, problemas com alimentação. Esses sintomas podem interferir com o desenvolvimento social, intelectual e emocional da criança.

## DISTÚRBIOS EMOCIONAIS

Confira abaixo alguns distúrbios emocionais compartilhados pelo site Sou Mamãe, entitulado "Problemas Emocionais nas Crianças":

### 1. Falta de empatia

Neste caso, as crianças não conseguem reconhecer as emoções das outras pessoas. Elas não percebem se alguém está triste, feliz ou com raiva. Além disso, são incapazes de entender por que as outras pessoas se sentem assim.

### 2. Depressão

Pode ser causada por vários fatores. A depressão altera muito o comportamento das crianças, assim como o seu humor, o desempenho escolar, a resposta a estímulos externos e o seu relacionamento com os demais.

### 3. Ansiedade

Embora seja um mecanismo de defesa contra uma ameaça ou perigo, a ansiedade excessiva ou em situações injustificadas pode causar irritabilidade, nervosismo e agitação. Além disso, a ansiedade também tende a ser origem de outros distúrbios físicos, alguns, inclusive, muito sérios.

### 4. Intolerância à frustração

É a impossibilidade de aceitar regras, normas ou situações que não são convenientes para elas. Geralmente a criança expressa esse problema por meio da raiva e do comportamento agressivo.

### 5. Fobias

São os medos excessivos. Alguns, inclusive, podem estar relacionados a coisas cotidianas como a chuva, por exemplo. As fobias causam grandes complicações que afetam a estabilidade mental e a vida social.

### 6. Transtorno do pânico

São situações de medo intenso, acompanhadas por sintomas físicos muito angustiantes.

### COMO IDENTIFICAR DOENÇAS EMOCIONAIS

Crianças que fazem parte de um ambiente onde existe agressão física ou verbal ou negatividade, podem ter sua estabilidade emocional prejudicada.

Crianças que sofrem com distúrbios emocionais nunca chegarão em seus pais para dizerem que estão sofrendo, portanto, é necessário prestar atenção na forma com que elas estão se comportando, pois ela vai exteriorizar através do comportamento o que estão sentindo, tais como o nervosismo, gritos, morder unhas, náusea, tensão muscular, que são alguns indicadores de desestabilização emocional.

# PONTOS PARA SEREM FIXADOS – CAPÍTULO 6

1 – Crianças com algum distúrbio mental, comportamental ou emocional sempre deram sinais e apresentarão sintomas.

2 – É importante contatar um profissional na área quando alguns desses sinais forem identificados.

3 – Apoio da família é importantíssimo para lidar com crianças que possuem alguns desses distúrbios.

## EXERCÍCIO

• Converse e dialogue mais com seu filho.

• Esteje atento aos sinais.

## ANOTAÇÕES

_____

_____

_____

_____

_____

_____

_____

_____

_____

_____

_____

_____

CAPÍTULO 7

# LIDANDO
# COM O TRAUMA

Nós sabemos que somos formados de vivência, ensinamentos, experiência ao longo de nossa vida. E algumas dessas experiências podem não ser tão boas e também causar marcas, que podem se tornar traumas.

## O que é o trauma?

Na psicologia nós entendemos que o trauma é definido pela forma que lidamos com algum tipo de evento que venha nos influenciar de forma negativa. Cada um lida de uma forma, então o que pode traumatizar um indivíduo pode não traumatizar o outro.

Alguns podem superar um evento traumático facilmente, enquanto outros podem levar mais tempo, e precisarem de alguma intervensão terapêutica no processo de superação.

## O que são traumas na infância?

Crianças podem sofrer eventos traumáticos com idades de 0 à 12 anos e também na adolescência.

Como cada criança reage de forma diferente ao trauma, algumas conseguem verbalizar o ocorrido do evento, quando aconteceu, de que forma aconteceu; e outras já não conseguem identificar o que aconteceu, nem verbalizar o ocorrido.

Alguns pais acabam por oprimir a criança quando a mesma tenta verbalizar o ocorrido, e tentam minimizar o evento, pois para ele, como adulto, o ocorrido não teve tanta importância quanto teve para o filho.

O que traumatiza uma criança pode não traumatizar um adulto, pois o nível de experiência e maturidade de um adulto são distintos. Por isso, é importante que os pais ouçam seus filhos, e tentem entender o que eles estão tentando dizer.

O evento traumático é aquele que vem com ameaças à segurança da criança; que provocam medo, desequilíbrio emocional, mental; que as colocam em situação onde elas não conseguem se defender ou reagir.

## O que são eventos traumáticos?

Verifique abaixo exemplos do que podem ser entendidos

como eventos traumáticos à uma criança.

- Doenças, cirurgias
- Acidentes
- Separação dos pais
- Abuso físico
- Abuso psicológico
- Abuso sexual
- Desastres naturais
- Negligência
- Rejeição
- Violência Doméstica
- Violência Comunitária
- Terrorismo

Eventos como esses citados acima, dentre outros, podem causar traumas em crianças, independente do grau ou nível no qual ocorreu; pois cada criança reage de uma forma, de acordo com seu desenvolvimento mental ou emocional.

Portanto, nenhum pai pode assegurar que um filho não sofreu um trauma após uma separação, por exemplo. Pois essa criança pode ter vivido esse momento de forma intensa, se sentindo desprotegida, insegura e até mesmo ameaçada.

Eu ouço muitos pais dizerem que se a criança ainda tem contato com o pai ou a mãe, então está tudo sob controle. Mas isso nem sempre é a realidade na mente das crianças; pois não ter os pais juntos no mesmo ambiente pode causar medo e um sentimento de perda para a criança.

Muitos pais, na tentativa de resolver, minimizam o problema e isso faz com que a criança não tenha espaço para se expressar, fazendo com o trauma nunca seja resolvido na mente da criança.

Muitas vezes, os adultos pensam que não falar sobre o ocorrido pode ser uma foram de distração ou até mesmo resolução; mas mesmo que seja difícil tocar no assunto, é necessário que isso seja feito. Pois falar é necessário para começarmos a entender como ajudar essa criança.

O suporte dos pais é essencial para lidar com o trauma. Os pais precisam ouvir, serem assertivos, positivos e abertos para que então a criança tenha abertura para falar de como se sente.

Nunca minimize a dor de uma criança, pois não é possível saber a proporção na que ela está lidando com o trauma. O importante é ouvir, dar suporte e se necessário, recorrer ajuda profissional.

**Quais são os sinais de uma criança traumatizada?**

**Sintomas emocionais:**

- Tristeza
- Choro
- Isolamento
- Irritabilidade
- Ansiedade
- Depressão

**Sintomas comportamentais:**

- Mudança de apetite
- Dificuldade em dormir
- Dores de cabeça
- Agressividade
- Problemas na escola
- Dificuldade de concentração
- Dificuldade de aprendizado
- Pesadelos

**Como lidar com os traumas?**

Ao entendermos o que são os traumas, é necessário buscar orientação para que tenhamos noção de como ajudar.

O mais importante é não tentar minimizar ou fazer "desaparecer" um evento traumático; e sim proporcionar um espaço para que a criança se sinta à vontade para falar sobre o trauma.

Os pais precisam ser os primeiros a darem apoio e suporte para o filho traumatizado; oferecendo um ambiente seguro e confortável dentro de casa.

Quando o filho falar sobre o evento traumático, o pai precisa ouvir com atenção, cuidado e dando a devida importância ao que a criança está abordando.

Frases tais como: "Ah, mais isso foi muito tempo atrás", "Mais não foi nada demais" ou "Deixa pra lá, isso não é tão importante assim"; não devem ser ditas pelos pais, pois na cabeça das crianças isso se traduz como se o pai não estivesse dando a devida importância para o ocorrido.

O que também deve ser feito é ensinar a criança o autocontrole para que ela mesma aprenda a solucionar o problema quando um pensamento venha remetê-la de volta ao trauma. Pode-se ser ensinado formas de se acalmarem utilizando uma atividade que lhes dêem prazer, algo que lhes interessem e os façam sentir bem; tais como ler, escrever, escutar música, pintar, colorir, exercitar, assistir TV e etc.

Técnicas de respiração profunda ou contar até 10 também podem proporcionar alívio para o momento de medo que elas possam estar vivendo.

Psicoterapia também é um método usado para resolver os traumas. É importante que o trauma seja tratado o quanto antes. Busque um profissional caso você identifique que seu filho possa ter sofrido um evento traumático.

### Consequências de traumas não resolvidos

Tudo que não é tratado ou solucionado terá uma repercussão no futuro dessa criança; que possivelmente podem inibir o potencial emocional, social ou cognitivo.

Adultos que não resolveram seu traumas podem chegar a viver uma vida de vícios, drogas, abuso de substâncias; e podem ter problemas emocionais, sociais e cognitivos.

Um indivíduo que não soluciona seus traumas vive a vida pela ótica do evento traumático, e isso o fará viver pela metade, ou seja, esse indivíduo não viverá uma vida plena, pois será sempre assombrado pelo medo e pela insegurança.

Veja uma série de comportamentos que podem ocorrer na vida adulta de um indivíduo que sofreu traumas:

- Afastamento
- Pânico
- Transtorno de estresse pós-traumático

- Transtorno de Ansiedade social
- Tensão

Um estudo realizado pela Universidade de British Columbia, no Canadá, e pela Universidade de Harvard, nos Estados Unidos publicado no site Revista Galileu, relatou que:

*"Pessoas que sofrem abuso sexual, físico ou emocional durante a infância apresentam alterações genéticas ao longo da vida que podem ser transmitidas para suas futuras gerações... De acordo com a pesquisa, os efeitos de abusos vão muito além do trauma psicológico e se estendem, inclusive, para o DNA do indivíduo...*

*...Os especialistas atestaram que as pessoas que foram abusadas constantemente apresentam um índice maior do hormônio cortisol, mais conhecido como "hormônio do estresse" que é liberados em situações de risco. Normalmente após o perigo, seus níveis voltam ao normal. No caso da vítimas, porém, uma liberação excessiva provoca alterações genéticas fora do padrão.*

*Essas mudanças são chamadas de metilação do DNA, as quais foram encontradas no material genético das vítimas no estudo realizado pelos cientistas. Segundo Nicole Gladish, da Universidade British Columbia, essas alterações podem afetar genes ligados a função cerebral e ao sistema imunológico.*

*Um outro ponto que foi verificado foi a possibilidade das marcas genéticas da vítimas serem repassadas aos seus descendentes. Não está comprovado que isso realmente aconteça, porém, elas foram verificadas em estudos com roedores – o que poderia apontar para um processo semelhante em caso de humanos.*

*"O trauma obviamente afeta muito o comportamento de vítimas. Muitas vezes, os tornando deprimidos e com transtorno de estresse pós-traumático", declarou Andrea Roberts, cientista de Harvard. Ela também completou afirmando que essas condições de saúde mental podem afetar a paternidade e as futuras crianças. "Já sabemos que há muitos mecanismos comportamentais que têm efeitos negativos para a próxima geração por causa do abuso sofrido", disse.*

*Por fim, os estudiosos acreditam que essas "cicatrizes moleculares" podem ser usadas no futuro para comprovar se uma criança sofreu ou não abuso em casos de investigações policiais e judiciais. "É razoável que as correlações que encontramos entre a metilação e o abuso possam oferecer um porcentual de probabilidade de que o abuso possa, de fato, ter ocorrido", afirmou Michael Kobor, geneticista e professor da British Columbia University".*

É importantíssimo que você pai, mãe, ou responsável pelo seu filho, busque ajuda para tratar ocorrências de traumas na infância.

## PONTOS PARA SEREM FIXADOS – CAPÍTULO 7

1 – Um trauma não resolvido acarretará problemas futuros.

2 – Um indivíduo traumatizado vê tudo pela ótica do trauma.

3 – Busque ajuda profissional para lidar com o trauma.

### EXERCÍCIO

• Faça uso de paciência com uma criança que venha ter sofrido um evento traumático

### ANOTAÇÕES

_____

_____

_____

_____

_____

_____

_____

_____

_____

_____

_____

_____

_____

_____

_____

_____

# CAPÍTULO 8
# ROTINA/ ORGANIZAÇÃO/ PLANEJAMENTO

Uma das coisas que precisam fazer parte da vida do seu filho é rotina. E porque isso precisa fazer parte? Porque a rotina não só organiza, como também traz segurança à seu filho. Quando o seu filho não sabe qual é o próximo passo ou o que esperar de seus dias, ele pode ficar perdido, ansioso, e também ter um comportamento desorganizado, que certamente o afetará e trará consequências negativas.

Todos nós precisamos de rotina. E quando falo de rotina, estou falando de planejamento de dia, não de mesmice e estagnação, não!

Não se pode exigir algo, quando isso não está sendo dado. Eu ouço muitos pais dizerem que seus filhos são extremamente desorganizados, desleixados e não tem interesse em ajudar em casa. Mas, os pais também nunca adotaram uma organização, um planejamento e também não estão fazendo sua parte.

### COMO EXIGIR ORGANIZAÇÃO?

Em minha posição de trabalho na clínica onde atendo, também forneço atendimento nas residências, quando o quadro já está bem agravado ou é necessário uma intervenção intensa. Me lembro de um dia entrei em uma casa onde já na entrada, na varanda eu vi várias peças de roupa no chão, calçados, toalhas de banho, pacote de biscoito abertos, pneu de carro, produto de limpeza, entre os itens que não me recordo agora.

Me assustei com aquela cena, mas pensei que esse família possivelmente estivesse de mudança, pois nunca tinha visto tantos itens ocupando o mesmo espaço, de forma tão bagunçada, na varanda de uma casa. Mas, entrei, me apresentei, conheci toda a família, os pais, as crianças, e vi que a dinâmica de desorganização dentro da casa era a mesma que vi na varanda. O cenário do lado de dentro não era muito diferente do que eu vi do lado de fora.

Confesso, fiquei perplexa, eu nunca tinha visto tal coisa antes, mas mesmo assim, resolvi esperar para entender a real situação, sem fazer um julgamento prévio da situação na qual aquela casa se encontrava.

Até que sentei a mesa e dei início ao atendimento. Após algumas perguntas de rotina, preenchi o formulário e comecei a conversar com a mãe a respeito da dinâmica da casa. E para a minha surpresa a mãe me disse que naquele dia a casa estava até organizará, que eu cheguei em um dia bom, pois à uns dias atras, estava bem pior.

Eu sinceramente não consegui imaginar o que seria pior que aquilo. Mas, mesmo assim, segui com as perguntas, para tentar entender o porque da desorganização para saber como poderia ajudar com aquele caos no qual aquela família se encontrava.

Continuei fazendo perguntas para saber se existia um real motivo que poderia fazer sentido ou justificar a bagunça extrema. Mas, ao final do atendimento, eu vi uma cena que foi minha resposta. O filho mais velho chegou em casa, tirou o casaco, e o jogou ao chão na entrada da casa. Eu imediatamente olhei em direção a mãe para ver a reação e o que ela falaria para o filho, e para minha surpresa a mãe não disse nada, e para piorar um pouco, ela se levantou da mesa onde estávamos, e disse que precisava tirar o casaco porque a temperatura estava quente dentro de casa. E advinha onde a mãe jogou o casaco? No chão, no mesmo lugar onde o filho jogou o dele.

Como pedir para um filho dentro dessa casa ser organizado? Se ele não está tendo nenhum exemplo.

E a desorganização dessa casa não só afetava a rotina deles, mas também os afetava mentalmente. A vida emocional dessa família era reflexo do ambiente desorganizado que eles viviam. Todos os dias eles tinham problemas, as crianças sempre brigavam uma com as outras, os pais gritavam com os filhos, os filhos gritavam com os pais, não existia respeito, e o caos estava estabelecido ali.

## MENTE ORGANIZADA = CASA ORGANIZADA

Você já ouviu a seguinte frase: Diga-me como está organizada a sua casa e eu lhe direi com está organizada a sua mente? Pois bem, eu creio nisso piamente. Pois o que somos por dentro, reflete por fora, em nossas escolhas, comportamento, atitudes e etc.

Não adianta achar que você vai conseguir organizar sua saúde mental, emocional, financeira, se o básico está desorganizado. Como alguém conseguiria organizar os pensamentos que regem sua vida se eles não conseguem ao menos organizar seus guarda-roupas? Como isso seria possível?

# DESORGANIZAÇÃO PODE ESTAR LIGADA À TRAUMAS

Eu não sei se você já viu aqueles shows na televisão onde chegam uma equipe para organizarem a casa das pessoas, onde eles chegam e vão entrando em cada compartição da casa e conversam com os donos para saberem o que aconteceu e o porque daquela desorganização.

Então os donos começam a falar o porque, e na maioria das vezes, a situação exterior tem haver com algo que aconteceu com eles, algum evento que os traumatizou, os fez parar no tempo e deixarem de se importar com suas casas.

Alguns perderam algum ente querido, outros perderam o emprego, ficaram doentes, ou passaram por algum evento traumático. Isso indica e comprova o quanto a nossa saúde mental afeta o nosso comportamento e como organizamos o ambiente em que vivemos.

Nesses casos, durante a duração desse "makeover" nessas casas, os apresentadores sentam-se com os donos e tem uma conversa quase que terapêutica com eles, e eu realmente penso que essas pessoas tem alguma formação em aconselhamento, pois ali eles conseguem tirar de profundo desses donos o real motivo daquela bagunça.

Muitos choram, sentem vergonha, e muitas vezes nem conseguem se desapegar do caos no qual se encontram, pois a desorganização não é só exterior, ela também está dentro. E a parte que está dentro é a parte mais difícil de organizar, pois ela está vinculada à uma história. História essa que contém pessoas, eventos traumáticos, dificuldade financeira e crenças limitantes.

Na maioria das vezes, essa parte do show é a mais longa, pois exige tempo; tempo para "cavar" e descobrir o que está acontecendo por trás de toda aquela bagunça. Após conseguirem fazer isso, os donos e apresentadores começam a carregar as coisas para fora da casa, para que eles comecem o processo de organização e para que vejam o espaço no qual eles tem para trabalhar e então organizar aquela compartição da casa.

Ao tirarem as coisas do lugar e começarem a organizar, os apresentadores pedem aos donos que separem apenas alguns itens que vão voltar para o lugar. Essa parte também é sempre muito difícil, pois os donos estão apegados e acostumados com tudo aquilo ali, mesmo que já não estivessem usando ou até mesmo vendo esses itens.

É aí que começa a cura. Os donos vão abrindo mão de algumas coisas, e escolhendo somente alguns itens, e se libertando de outros.

É uma real libertação. Muitos choram, e passam horas segurando um objeto até terem coragem de deixá-lo, para sempre!

Esses itens então vão para doação, e nunca mais farão parte de suas vidas.

Ao final do show quando tudo está no lugar e os donos voltam a entrar em casa, eles se deparam com um ambiente completamente diferente do que eles estavam acostumados a ver. E a maioria deles dizem assim: "Estou me sentindo até mais leve" ou "Estou me sentindo bem melhor", ao verem espaço livre e organização. Isso mostra que a organização não é só necessária para que vivamos uma vida com as coisas em seus devidos lugares, em um ambiente limpo e agradável, mas ela também passa a fazer parte da forma que pensamos e agimos.

## ORGANIZAÇÃO E SAÚDE MENTAL

A organização externa está diretamente ligada à nossa saúde mental. E a sua organização fará parte da organização de seu filho também. Ele adquirirá o mesmo estilo de organização que você.

Lembram do caso da casa extremamente desorganizada que contei acima? Pois bem, os filhos faziam as mesmas coisas que os pais. Por isso não havia ordem e limpeza naquela casa; todos estavam fazendo parte do mesmo tipo de comportamento, e todos estavam sendo afetados por seus comportamentos caóticos. O estilo de vida desorganizado daquela família estava promovendo um comportamento problemático em cada um que morava naquela casa. Não existia um ali que escapava, todos estavam participando e contribuindo para aquele caos.

## ENSINE ANTES DE EXIGIR

Eu gosto de dizer em meus atendimentos que antes de pedirmos algo para nossos filhos, precisamos conversar com eles.

Então, quando você começar o processo de desenvolver rotina, sentem-se com seus filhos e conversem com eles a respeito do que você está planejando fazer, e dê motivos.

Quando você fala para uma criança arrumar sua cama, por exemplo, para ela, arrumar a cama não faz sentido algum, pois a cama arrumada ou não, não muda nada em sua vida. A percepção da criança não é a mesma da sua; e a necessidade dela também não é a mesma da sua. Por isso, que é importante a comunicação, para que um acordo seja feito e entendido porque.

Então, sente-se com seu filho, na mesma altura que ele, e diga o porque da cama precisar ser feita todos os dias quando ele se levantar. Você pode dizer algo do tipo: meu filho, você já tem capacidades e habilidades para fazer sua cama quando se levantar pela manhã; e além disso, você estará contribuindo para a organização do seu quarto, e também com a organização da nossa casa. Pois todos nós gostamos de morar em um ambiente agradável e limpo, não é mesmo?

Quando você tiver esse tipo de diálogo com seu filho a respeito de organização, você ficará surpreso com a reação que terá dele. Eu te asseguro que ao entender o motivo ele cumprirá com o acordo em desenvolver suas tarefas.

Assim, você estará ensinando algo à seu filho, e não exigindo algo que ao ver dele, não é necessário fazer.

Quando existe diálogo, existe acordo. E com acordos você consegue desenvolver rotina muito mais facilmente do que com imposições.

## REGRAS FORTES, RELACIONAMENTOS FRACOS

Existe uma frase que eu desconheço o autor que diz assim: Quando as regras são fortes, o relacionamento é fraco. Quando você tiver que impôr muitas coisas para seu filho, existe uma grande probabilidade que o relacionamento de vocês está fraco. E isso deve lhe servir de alerta, pois relacionamentos fracos entre pais e filhos podem resultar em comportamentos negativos; tanto da sua parte quanto da dele.

Por mais que esse assunto seja novo pra você, não tenha medo de desenvolver essa rotina com seus filhos. Eu te asseguro, isso facilitará muito a sua vida, e também a dele.

Abaixo você encontrará um modelo de rotina que pode seguir

com seu filho. Se você buscar, poderá facilmente encontrar modelos assim em branco que podem ser impressos para que você use em casa com seu filho de acordo com as regras da sua casa.

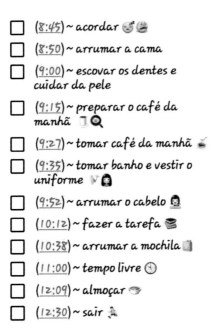

Rotina é uma das primeiras coisas que eu trabalho em atendimento familiar. Pois rotina é a base para organização. Com rotina você pode estabelecer incentivos para cada item cumprido e também consequências negativas para o não foi cumprido. E quando isso é estabelecido, aumenta a probabilidade que as tarefas sejam cumpridas e diminuem as probabilidades de brigas.

No período inicial de colocar em prática essa rotina, você precisará lembrar seu filho da tarefa que precisa ser cumprida, pois no início ele pode e esquecer, já que isso é uma prática nova entre vocês.

Mas com o tempo você não precisará mais lembrá-lo e isso se tornará automático para ele.

É importante fazer uso de incentivo com seu filho quando ele cumprir um dia inteiro de tarefas; mas não é necessário dar à ele presentes caros, ou alguma recompensa em dinheiro; se decidir recompensar em dinheiro, que seja algo mínimo.

O incentivo que eu sugiro é algo que venha promover uma

aproximação entre vocês, então sugira coisas do tipo: "Você fez todas as suas tarefas dessa semana, estou muito orgulhosa de você, por isso, pensei em sairmos um dia para assistirmos um filme juntos, ou tomarmos um soverte, o que acha?"

Incentivos assim fortalecerão o relacionamento entre vocês e seu filho se sentirá recompensado por cumprir as tarefas da semana.

E no que diz respeito à consequências negativas quando as tarefas não são cumpridas, nunca diminua o seu filho, ou o chame de incapaz, mas o faça saber que você viu que ele não lavou suas roupas como o combinado no quadro de rotina de quinta-feira, por exemplo, e por isso, o tempo que ele tinha para usar o computador essa semana não será permitido.

E você pode fazer esse comentário sem atingi-lo emocionalmente, falando algo do tipo: Meu filho, eu sei que você é capaz de lavar suas roupas, mas por algum motivo, você não o fez, e isso te acarretará consequências, mas eu sei que da próxima vez, você o fará!

Esse é o tipo de correção que eu sugiro, aquela que não fere, não diminui e ainda reforça que a criança é capaz, mas por algum motivo fez uma escolha que acarretará consequências negativas à ele.

Tanto o incentivo por realizar as tarefas e o implemento da consequência são extremamente importantes. Portanto, não faça uso somente de um ou outro, os dois precisam ser usados, para que a implementação da rotina seja efetiva.

## PONTOS PARA SEREM FIXADOS – CAPÍTULO 8

1 – Rotina não só ajuda seu filho a ter responsabilidade, mas também o ajuda a ter segurança e pertencer no meio em que vive.

2 – Mostre-me como está sua casa e eu te direi como está a sua mente.

3 – Regras fortes existem quando os relacionamentos são fracos

## EXERCÍCIO

• Sente-se à mesa com seu filho e desenvolva rotina. Deixe-o participar!

## ANOTAÇÕES

_____

_____

_____

_____

_____

_____

_____

_____

_____

_____

_____

_____

_____

_____

# CAPÍTULO 9

# CRIANDO O MEU FILHO PARA O MUNDO

Em um atendimento clínico eu atendi uma mãe que estava tendo problemas com o comportamento de seu filho, ele não a obedecia e tinha muitos problemas de relacionamento com seus irmãos.

Em uma das primeiras sessões de terapia, como de costume, eu faço perguntas sobre a rotina da criança, para entender a dinâmica do relacionamento entre pai e filho. A mãe teve dificuldade de falar sobre a rotina da criança e após ficar sem resposta sobre algumas perguntas que eu fiz, a mãe me fez a seguinte pergunta: Você tem filhos? Após eu responder que sim, ela me disse que parecia que eu não tinha filhos, pois eu estava fazendo perguntas sobre temas que ela achava impossível, tais como organização e rotina, quando se tem filhos.

E a continuou dizendo que ela não cria os filhos dela com rotina, porque criança é criança e precisa aproveitar o tempo livre, e não fazer coisas de adultos; que o adulto em casa é ela, então ela que faz tudo e a crianças brincam.

Eu não discordei com a mãe em tudo que ela disse, e também concordei com algumas verdades que ela disse e acrescentei que criança tem que ser criança e adulto tem que ser adulto, e que criar uma rotina não significa inverter posições, nem tampouco dar responsabilidades inapropriadas aos filhos, mas entender que cada criança em desenvolvimento já possui habilidades que precisam ser desenvolvidas, e que isso não só ajudará os pais mas também estarão preparando esse ser humano em desenvolvimento para a vida.

O problema dos pais é achar que seus filhos não tem capacidade de aprender quando ainda são crianças. E muitos pais se equivocam ao pensar dessa forma e inibir o aprendizado da criança quando fazem tudo por eles; não os dando a oportunidade de desenvolver uma função que já é apropriada para a idade deles.

Um livro chamado "Como criar filhos para o mundo", por Esther Wojcicki, a autora relata ter criado três filhas que se tornaram bem sucedidas em suas áreas de atuação, e que o primeiro passo para isso é não super proteger um filho, e sim, deixá-lo livre para fazer descobertas para que ele se encontre em si mesmo e busque desenvolver interesses próprios. Autora conta que esse é o caminho para criar filhos bem sucedidos e independentes, e a mensagem dela para os pais é a seguinte: *"Trate as crianças como trata* os adultos, permita que os adolescentes descubram suas paixões e ensine seus filhos a controlar a própria vida".

Um artigo chamado "Como você pode criar filhos melhores para o mundo? 14 personalidades respondem!", publicado no site Canguru, relata a visão de alguns profissionais da saúde mental e separei alguns para compartilhar aqui pertinente à esse assunto:

"Ser bom exemplo para os pequenos também foi o principal ponto destacado pela psicanalista Lidia Aratangy, que é especializada em família e autora de mais de 20 livros – entre eles o best-seller "Pais que Educam Filhos que Educam Pais." "Se você quer ter filhos melhores, trate de dar bons exemplos nas miudezas do cotidiano. Isso não se confunde com fazer belos sermões nem com enunciar sua posição diante dos grandes problemas da humanidade. Afinal a vida se define no varejo e no concreto, não no atacado e no abstrato", afirma. Ela dá exemplos práticos: parar em fila dupla na frente da escola demonstra pouco caso com os outros; não respeitar a faixa de pedestre é um ato de indisciplina; furar fila é um exemplo do malfadado "jeitinho"; dar gorjeta para se livrar de uma multa demonstra que, com dinheiro, tudo se resolve; mentir para a criança gera filhos mentirosos; assim como bater neles contribui para torná-los violentos. "Ou seja: se você quer ter filhos melhores, aja como uma pessoa melhor e um cidadão consciente".

"Lorraine Thomas, diz que simplesmente não há compromisso maior do que este: "O mundo que deixamos para nossos filhos depende das crianças que deixamos para o mundo". A coach, escritora e palestrante britânica diz que os pais são capazes de criar verdadeiros super-heróis, que podem fazer a diferença no mundo. Como? "Seja um ótimo modelo. E nutra valores familiares fortes", diz ela, que acredita que sempre é possível sermos pioneiros na criação dos nossos filhos".

Tania Zagury, professora da Universidade Federal do Rio de Janeiro (UFRJ) e autora de 26 livros publicados no Brasil e no exterior, segue a mesma linha: "Você quer um mundo melhor? Para poder concretizar essa ideia, você tem que melhorar, começando dentro da sua casa. E precisa saber que isso tem um custo alto e afetivo".

"Filósofo, escritor e doutor em educação Mario Sergio Cortella, não é bem assim. "É preciso uma dedicação maior do que aquela que se vem tendo, um esforço maior em relação ao exer-

*cício da maternidade e da paternidade", afirma. Ele também diz que dois fatores são essenciais nesse exercício de criar os filhos: a humildade para buscar aprender com os outros ("e não supor que criar filhos seja uma atividade automática") e a parceria entre as pessoas que formam as crianças, com reflexão e consenso prévios nas conversas entre pai e mãe".*

"Tais e Roberta Bento, especialistas em neurociência cognitiva, autoras do livro Socorro, Meu Filho Não Estuda e fundadoras do portal SOS Educação: "As duas capacidades são importantes para uma boa relação com os estudos e com a aprendizagem. Saber lidar com a frustração ajuda para que reajam de forma mais tranquila aos obstáculos que certamente virão e para que não desistam jamais. E a autoestima em nível adequado evita que sejam vítimas e causadores de bullying". Para elas, que são mãe e filha, as duas habilidades juntas formam a combinação perfeita de escudo protetor e de combustível para que nossos filhos não desistam de alcançar seus próprios sonhos".

"Médico e psicanalista Francisco Daudt: "Tente se lembrar de sua própria infância e se perguntar do que gostou e o que lhe faltou, para então replicar e corrigir na criação de seus filhos". Nada como a experiência real e prática para aprimorar o que sempre parecerá uma missão impossível".

Veja abaixo a tabela de responsabilidades que seu filho já pode ter de acordo com a sua idade.

# Crianças podem ajudar nas
# tarefas de casa!
- Ideias de funções para cada idade -

| 2 - 3 anos | 4 - 5 anos | 6 - 8 anos | 9 - 11 anos | 12 - 14 anos |
|---|---|---|---|---|
| Guardar brinquedos e livros | Arrumar a cama | Lavar e guardar a louça | Preparar lanches rápidos | Limpar banheiro |
| Tirar o prato da mesa | Ajudar a separar o lixo | Por e tirar a mesa | Limpar móveis e armários | Passar pano no chão |
| Guardar sapatos | Guardar roupas | Varrer | Trocar roupa de cama | Cuidar das plantas |
| Colocar a roupa suja no cesto | Guardar parte da louça | Dobrar roupas | Cuidar de animais | Cuidar de irmãos mais novos |
| Limpar pequenas superfícies | Ajudar a fazer a mesa | Pendurar roupa no varal | Ajudar no preparo da comida | Preparar pequenas refeições |
| Tirar a própria roupa | Tirar pó | Lavar quintal | Lavar as janelas | Por roupa para lavar |
| | Regar plantas | Guardar compras | Fazer lista de compras | Fazer compras pequenas |
| | Ajudar a alimentar pets | Separar roupa suja por cor | Lavar o carro | Arrumar a geladeira |

Informação e oportunidade é tudo que você precisa para ajudar o seu filho à se desenvolver.

Muitos pais não obtem esse tipo de informações porque muitas vezes ficam presos ao tipo de criação que receberam de seus pais; que nem sempre está errada, mas muitas vezes inibem o desenvolvimento de seus filhos.

Os tempos mudam, e enquanto algumas coisas permanecem do mesmo jeito, outras coisas mudam com o tempo também.

O importante é saber que seu filho precisa de uma oportunidade para se desenvolver em áreas apropriadas para a sua idade, e essa oportunidade precisa vir dos pais, portanto, não tenha medo de dar responsabilidade à seus filhos, eles não só conseguirão fazer a tarefa estipulada quanto também precisam desenvolvê-las para seu próprio crescimento.

Entenda isso, você está criando filhos para o mundo, e não para você mesma. Seus filhos um dia estarão vivendo for a de casa, e não estarão mais debaixo das suas asas. É irresponsável pensar que eles ficarão com você pra sempre, pois não será assim. Você está criando filhos para a sociedade, para construirem outra família, e seus ensinamentos servirão de modelo para ele. Portanto, a sua forma de criação é capaz de incentivar ou inibir o desenvolvimento dele.

Isso é tão sério, pois carregamos uma grande responsabilidade para com a sociedade. O papel de criar indivíduos preparados para a sociedade é todo nosso. Muitos pais pensam que esse é o trabalho da escola, do time de esporte, do tutor, ou até mesmo dos avós, dos tios ou babás.

Não, o trabalho de educar é dos pais. É em casa que a criança aprender a dizer Bom dia, bom tarde, com licença, desculpe, por favor, obrigado. Em casa também a criança a aprende a cuidar de suas coisas, de ser organizado, de andar limpo, de não jogar lixo no chão, de não mexer nas coisas de alguém sem pedir permissão, a não falar de boca cheia, a ter limites e respeito com o próximo. Em casa, a criança precisa aprender a não xingar, a ser honesto, a respeitar os mais velhos, respeitar os amigos, a ser pontual, a esperar a sua vez, a ter rotina e organização.

Na escola, seu filho aprenderá matemática, gramática, ciências, história, geografia, educação física, e outras coisas mais para o seu desenvolvimento acadêmico. Percebe a diferença dos temas que são ensinados em casa e na escola? A responsabilidade maior é dos pais. Tudo que seu filho será no futuro depende de como você o está educando no presente.

Algo muito importante lembrar também é que caso você necessite da ajuda de uma babá ou uma assistente em sua casa para te ajudar a cuidar de seus filhos, é de extrema importante entender quais são os limites dessa ajuda, e o que continua sendo sua responsabilidade.

A maioria de nós precisa de ajuda com a criação de nossos filhos em algum momento da vida, e isso é normal. Mas essa ajuda precisa ser avaliada e entendida como um suporte adicional e não como a fonte de tudo que a criança precisa.

Dentro da cultura americana, na qual eu vivo, eu vejo muitos pais errando nesse tema. Pois seus filhos estão aos cuidados de outros e passam a maior parte do tempo longe de seus pais; e com isso, as responsabilidades estão invertidas; os pais já acham que por terem alguém fazendo esse papel, que eles não tem mais a responsabilidade de criarem seus filhos.

O pai continua sendo você, e precisar da ajuda de alguém não isenta você dessa responsabilidade. Por isso, é importante achar o ponto de equilíbrio nessa participação de outra pessoa na criação de seu filho. Não tenha essa ajuda como suficiente para que você se ausente dessa responsabilidade. Não, não faça isso! Pois eu vejo alguns possíveis perigos que podem ocorrer nessa transferência de responsabilidade.

## Transferência de Responsabilidades

O que acontece quando um pai transfere a responsabilidade que é dele para o outro na criação de seu filho?

Um dos perigos dessa transferência de responsabilidade é a falta de construção de vínculos afetivos com os pais. E isso é realmente triste, pois o filho precisa de criar um vínculo afetivo com seus pais, para que tenham saúde emocional.

Em atendimentos clínicos, esse quadro de deficiência de vínculos afetivos, é o que eu mais vejo em nossos dias. Pais que trabalham arduamente para manterem um nível alto de conforto e luxo, enquanto seus filhos estão completamente desconectados emocionalmente.

E isso, traz sérios problemas de comportamento, problemas com dificuldade de aprendizado, problemas relacionais, familiares, que traumatizam uma criança, que carregará esse trauma para o resto da vida. Crianças sem vínculos afetivos com os pais, que deveriam ser seus maiores provedores de afeto, também se tornam agressivas, violentas, e desconectadas emocionalmente do mundo; e isso resulta em crianças que buscam atenção de forma negativa, com um comportamento exagerado por atenção, tomando medidas drásticas para serem vistas.

Muitas dessas crianças nas quais atendo, já tentaram fazer dano à elas mesmas, já não conseguem se controlar na escola, já estão atrasadas no seu desenvolvimento acadêmico, já não se relacionam, estão trancadas dentro de seus quartos, estão viciadas em eletrônicos, pois é a forma mais fácil que elas encontram de se entreterem, e já estão com sérios distúrbios emocionais e existenciais.

Criação de filhos não é nada fácil, impor limites, muito menos. Mas a dificuldade não isenta a responsabilidade. E o que eu sempre digo aos pais é que não existe nada impossível de ser feito, existe querer fazer sem saber, e errar por não saber. Mas quando, a pessoa busca informação, ela encontra, e com a informação certa, ela se prepara para fazer com menos probabilidade de errar.

A transferência de responsabilidade é algo que precisamos olhar com cuidado, pois pode estar ocorrendo com você em algum nível ou grau.

Analise quanto tempo durante o dia você está tendo com seu filho para que consiga identificar onde pode melhorar.

É certo, os pais precisam trabalhar, e por um período de tempo, os filhos precisam estar sendo cuidados por alguém. E é aí que precisamos tomar cuidado. Pois muitos pais tem cargos horários extremos e deixam seus filhos o dia inteiro, dia e noite, com alguém; e no final do dia estão exaustos e já não tem energia para dar atenção, brincar ou pelo menos perguntar aos filhos sobre o seu dia.

Eu sempre digo que não é necessário muito tempo para ser intencional. Tempo intencional é tempo reservado, exclusivo e planejado. Se você, por exemplo, tem uma carga horária que te permite passar 2 à 3 horas com seu filho no horário da noite, então, faça desse tempo, um tempo intencional, use-o para o seu filho, e não dividá-o com mais nada. Esse tempo, mesmo que seja aparentemente curto, pode ser aproveitado ao máximo, se ambos pai e filho estiverem o utilizando para alguma atividade voltada especialmente para proporcionar um tempo de qualidade entre os dois.

Se o que você tem são só algumas horas, use-as com sabedoria. Alguns pais, dizem não ter tempo, mas o que na verdade não possuem é planejamento para serem intencionais com seus filhos.

Outro quadro que vejo são pais que usam o tempo livre que tem durante o dia com atividades de responsabilidades que são deles, mas levam o filho para "passarem um tempo juntos", sendo que esse tempo não foi utilizado para nenhuma atividade com a criança. Os pais levam as crianças aos mercados, aos bancos, e até mesmo para academia, e os deixam no setor infantil, onde existem babás para olhá-los enquanto os pais estão se exercitando.

Particularmente, eu não chamaria isso de tempo intencional. Isso é, levar a criança junto com você para fazer suas responsabilidades. E em muitas dessas ocasiões, as crianças ficam exaustas e sem paciência, e com toda razão, "dão trabalho" para os pais, fazendo reclamações, e os pais atribuem essas reclamações à um suposto comportamento difícil dos filhos.

Esse tempo que os pais passam com os filhos não passa de um tempo que podemos chamar de obrigatório, onde o pais precisam fazer algumas coisas de rotina, mas chamam isso de tempo com os filhos. E esse tempo, não é prazeroso ou divertido para a criança, pois ela não faz absolutamente nada apropriado para a sua idade, e não teve a atenção do pai voltada para ela, pois o pai estava ocupado e focado especificamente no que estava fazendo.

Tempo intencional é tempo dedicado ao filho, fazendo atividades apropriadas para a idade da criança. E para que isso aconteça o pai não precisa gastar, ou se esforçar muito. Esse tempo pode acontecer até dentro de casa, brincando com algo que seja escolhido pela criança. Jogos de mesa são ótimos para esse tempo intencional, pois eles colocam tanto o pai quanta a criança sentados à mesa, na mesma altura para brincarem, e consequentemente se olharem e fazerem uso do diálogo. Esse tempo, é extremamente importante para ambos, pois é durante esse tempo que o pai vai conhecer a criança e a criança, o pai.

Nossos filhos estão constantemente passando por mudanças, e essas mudanças podem passar desapercebidas se não forem celebradas durante um tempo intencional com os filhos.

Outros pais, pensam que precisam comprar algo para os filhos; e os levam em lojas, compram brinquedos caros, e o brinquedo se torna o foco, e não o tempo juntos. E quando, dão algo aos filhos, pensam estar fazendo algo por eles, pois estão dando à eles algo que eles pediram.

Dar algo à seu filho não é errado, mas esse brinquedo não pode substituir ou roubar o seu tempo com ele. Pois, na maioria das vezes, a criança leva o brinquedo para casa, brinca com ele sozinho em seu quarto, e o pai nem está participando desse momento.

Melhor seria, se você desse à seu filho algo que proporcionaria mais tempo em família, mais tempo de qualidade e tempo intencional. Um jogo de mesa por exemplo, é um ótimo brinquedo para proporcionar esse tempo.

Ainda melhor que isso, é você levar seu filho ao parque, à praia, ao quintal de casa, ou qualquer lugar que não exija auxílio de um objeto como de um brinquedo para proporcionar alegria entre vocês.

A sua presença e a dele já é suficiente para isso, acredite! Pois, o brinquedo pode até roubar de vocês o diálogo, o olhar, o toque; que são essenciais para criar um vínculo afetivo entre vocês.

Se precisar levar algo, leve uma simples bola, uma pipa, ou qualquer objeto simples que venha acrescentar algo para esse tempo entre vocês.

O que seu sempre digo aos pais é o seguinte: se o que você está comprando para seu filho, irá proporcionar crescimento, e mais tempo entre vocês, então esse será um bom investimento, mas se o que você comprar, for proporcionar isolamento do seu filho, onde ele não irá compartilhar desse brinquedo com você ou os irmãos, então esse brinquedo está te roubando, está tirando o tempo que é seu para dá-lo à um objeto; e isso não é um bom investimento, na verdade, é uma sabotagem no relacionamento entre pai e filho.

### Responsabilidade social

Um artigo compartilhado por Sonia Maria Braga no site Canguru, fala sobre a família e a responsabilidade social:

"Uma educação que culte a paz na convivência familiar, em que haja diálogo, muita participação e proximidade é o ponto de partida para que a paz germine no coração das crianças. Importante ter em mente que os pais são a primeira referência dos filhos. E essa influência deve ser a melhor possível, com respeito, espírito de colaboração, tranquilidade, aceitação de diferenças e carinho pelo meio ambiente doméstico e pela natureza, à qual o homem esquece que pertence.

Ensinar a compreender, a perdoar, a defender-se sem agredir são os primeiros passos para o caminho da paz.

Mostrar a diferença entre o bem e o mal é tarefa indispensável: a criança que desde cedo percebe a diferença entre as atitudes negativas e as positivas tem enorme chance de tornar-se uma pessoa ética.

É preciso reduzir o egoísmo desde a infância. Menos brinquedos, fantasias, vida virtual. Mais vida real, saber e ensinar a desprender-se, aprender a selecionar entre o necessário e o supérfluo. Libertar-se da força da propaganda que alardeia padrões e necessidades irreais.

Vivemos a hora da urgência de grandes mudanças sociais. Porém, só com a contribuição das famílias, ao educarem seus filhos para o mundo real, e não para um mundo idealizado, de príncipes e princesas, retomaremos a jornada que levará à Paz. A cultura de Paz é tarefa que requer esforço contínuo e senso de responsabilidade coletiva."

Estamos formando indivíduos para viver na sociedade; para influenciarem uma geração. E esse papel não é só importante, quanto necessário.

### Paternidade ausente

Antes de terminar de escrever esse livro, eu fiz um grupo que teve uma duração de 21 dias onde estive abordando o mesmo tema desse livro; e durante o período que estava divulgando esse grupo, antes de fechá-lo para dar início as classes, eu notei que 90% eram mães, e somente 10% dos participantes eram pais. Ao ver essa diferença, eu desafios alguns pais que me acompanham nas redes sociais para participarem desse grupo, pois o papel da criação dos filhos também é do pai.

É muito comum hoje ver pais ausentes. Pais que já se foram, que constituíram outra família, que voltaram para seus países de origem, que desistiram de seus filhos ou que até mesmo convivem com seus filhos, mas não participam da criação deles. Esses são os pais ausentes.

Também existem aqueles que já não convivem todos o dias com seus filhos, mas que ainda estão presente, que dão suporte, não só financeiro, mas emocional e familiar. Esses pais entenderam que não podem se ausentar devido a situação na qual se encontram. Que eles ainda podem estar presente, e que devem estar presente.

Muitos casos de crianças que eu atendo tem pais ausentes; e quando eu pergunto onde está o pai, a criança ou a mãe diz que o filho quase não vê, que não tem muito contato ou já não sabe da situação do pais há muitos anos.

Muitos desses pais não estão longe, não estão em outro país, eles estão morando bem perto de seus filhos, muitas vezes na mesma cidade, ou alguma cidade próxima, mas não tem nenhum tipo de contato com seus filhos.

Um artigo publicado no site Nova Resistência, entitulado "A Paternidade é insubstituível", destaca o seguinte:

"As consequências disso são trágicas. 2 em cada 3 dos menores infratores brasileiros não tiveram e não têm o pai em casa. E apesar de ser possível encontrar "substitutos" para a figura paterna (tal como para a materna), é inegável que os laços de sangue, os laços biológicos entre pais e filhos, não são plenamente substituíveis por elos meramente emocionais.

As consequências negativas do absenteísmo paterno vão mais longe do que a criminalidade. Segundo o Departamento de Saúde dos EUA, em comparação com lares com casais casados, é quatro vezes mais provável que lares em que filhos são criados apenas pela mãe vivam em situação de pobreza.

O envolvimento paterno na vida infantil também é comprovadamente fundamental para o sucesso educacional, estejamos falando de pais biológicos ou adotivos. Filhos de pai ausente, nos EUA, são duas vezes mais prováveis de repetir de ano do que crianças com o pai em casa. Pelo menos um estudo indica, ainda, que em lares em que o pai lê rotineiramente, os filhos também costumam ler mais do que em lares sem pai (ou onde o pai lê pouco ou não lê).

Também, no que concerne o abuso de álcool e drogas, mesmo quando se controla a variável de classe, se percebe que em lares com pai ausente há maior consumo de álcool e drogas pelas crianças e adolescentes.

Ainda no que concerne a sexualidade precoce, apesar da participação materna na vida e na criação seja fundamental, foi percebido que a figura paterna tem o dobro da influência materna no que concerne reduzir a incidência de sexo e gravidez na adolescência."

Muitas das crianças que eu atendo já se encontram em uma situação difícil como foi relatado no trecho acima por falta do pai em suas vidas.

Eu não consigo identificar um caso no qual a criança foi tão afetada emocionalmente a não ser pela ausência do pai.

Se você é pai, esse é um apelo para você! Não desista de seu filho, mesmo que você não esteja em um relacionamento afetivo com a mãe dele. Siga ajudando, dando suporte, não só financeiro, como emocional, o futuro de seu filho depende de você. Os danos da sua ausência serão irreparáveis; terão consequências muita negativas na vida de seu filho, e isso pode prejudicá-lo muito em muitas áreas de sua vida. Por isso eu faço esse apelo à você: Faça parte da vida de seu filho!

## PONTOS PARA SEREM FIXADOS – CAPÍTULO 9

1 – Informação e oportunidade é tudo que você precisa para ajudar o seu filho à se desenvolver.

2 – Não transfira responsabilidades.

3 – Você não está criando filhos para si próprio, eles viverão na sociedade.

4 – Seja um pai presente.

### EXERCÍCIO

• Comece hoje mesmo a dar responsabilidades à seus filhos.

• Seja mais presente.

### ANOTAÇÕES

_____

_____

_____

_____

_____

_____

_____

_____

_____

_____

_____

_____

## CAPÍTULO 10

# MISSÃO CUMPRIDA

Missão cumprida? Como assim? Vou explicar! Quando é que um pai pode dizer essa frase? Será que é possível? Sim, é possível, você só precisa identificar quando.

Muitos pais estão dizendo essa frase antes do tempo, e outros estão demorando demais para falar, quando já deveriam ter dito.

Alguns pais dizem essa frase quando as crianças ainda estão pequenas, em desenvolvimento e em crescimento; e erram por achar que já não tem que fazer parte da educação e criação de seus filhos; enquanto outros pais passaram a vida toda educando seus filhos, fizeram tudo que poderiam ter feito, deram o seu melhor, e ainda pensam que poderiam ter feito mais e que não foi suficiente.

Os dois extremos é perigoso. Tanto o que se ausenta, quanto o que não consegue largar. Aí é que você precisa identificar quando sua missão foi cumprida.

Estudos revelam que nos tornamos adultos aos 18 anos, mas isso pode variar, nem sempre é assim. Uns alcançam a maturidade antes disso, outros levam mais tempo.

Para entendermos isso melhor, seria interessante entender a fase que antecede tudo isso - adolescência.

Um artigo publicado no site Veja Abril, entitulado "Vida adulta só começa aos 30", destaca o seguinte:

*"Segundo especialistas, a adolescência é dividida em três fases: a adolescência inicial (12 a 14 anos), a adolescência intermediária (15 a 17 anos) e a adolescência final (dos 18 anos para cima). Nessa última fase, a cognição do jovem continua se desenvolvendo, assim como a maturidade emocional, a autoimagem e o julgamento, que vão continuar sendo afetados pelo comportamento mais juvenil até o córtex pré-frontal do cérebro se desenvolver totalmente.*

*Diante dessas constatações, a psicóloga aconselhou que os pais continuem apoiando os filhos que já "chegaram à vida adulta", especialmente aqueles que querem continuar vivendo junto à família. "Eles precisam de mais apoio durante esses anos de formação, e é importante que os pais percebam que nem todos os jovens se desenvolvem no mesmo ritmo".*

### ENTENDA O TEMPO

Cada um chega a maturidade em uma idade diferente, e é

essa idade que você precisa identificar para dizer: Missão cumprida!

Isso significa que você não estará mais ligado à seu filho? Não! Seu filho nunca deixará de ser seu, nunca! Mas a sua responsabilidade com ele um dia vai mudar. E é aí que muitos pais estão se equivocando e até sofrendo. Pois estão dizendo essa frase no tempo errado.

Um adolescente que ainda está amadurecendo não está emocionalmente pronto para seguir sozinho, sem atenção, sem suporte e até mesmo sem correção.

O que eu vejo é que muitos pais se ausentam emocionalmente de seus filhos quando eles atingem uma certa idade, pois acham que eles já tem maturidade suficiente para fazerem suas escolhas. E isso é um grande erro, pois filhos adolescentes ainda precisam de correção e atenção.

Também existem aqueles que o filho já ingressou na faculdade, já tem um trabalho, já está em um relacionamento, já vive a sua vida de forma independente, e os pais acham que ainda precisam corrigir e dar palpite.

Achar o equilíbrio é a grande chave para entender quando cumpriu sua missão. Pois acredite, um dia você precisará falar isso, e não só falar, mas também entender com isso será necessário pra que você vive uma outra etapa de sua vida.

Assim como os filhos vivem etapas, nós pais também vivemos. Quando os filhos crescem, amadurecem, se casam, ou se mudam de casa, é o momento para você reavaliar como está a sua vida, e vivê-la com um outro foco. Não estou dizendo que você se ausentará definitivamente da vida de seu filho. Não! Isso não precisa acontecer, nem deve. Você ainda farão parte um da vida do outro, mas o nível de responsabilidade muda.

Isso não é bom somente para você, mas para ele também. Um homem ou mulher que chega a idade adulta e que já possui todas as coisas necessárias para seguir sozinho, não pode ficar dependente dos pais, será necessário cortar o cordão umbilical. Pois seu filho precisa viver a vida dele, fazer suas próprias escolhas, decisões, erros e acertos. Ele precisa dessa liberdade, ele precisa!

Portanto, quando você identificar o tempo, diga sem medo: Missão cumprida!

# FILHOS ADULTOS

## Como orientar os filhos adultos?

Eu sempre falo para pais que uma infância saudável e emocionalmente equilibrada fará com que filhos adultos sejam bem sucedidos. Mas, se os pais não tiverem o trabalho de se esforçarem na criação dos filhos, esses filhos, mesmo na idade adulta "darão trabalho" aos pais.

Sabe aquele filho que já deveria ter um emprego, estar cursando faculdade, ou até mesmo poderia estar casado, mas não saiu debaixo das asas dos pais?

Se você não souber orientar seus filhos, você terá que criá-los mesmo quando forem adultos. Uma criança que não aprende sobre responsabilidades com tarefas de casa, um adolescente que não ajuda, que não cumpre com tarefa alguma, que não ingressa em um trabalho de verão, ou que ao menos ajuda o pai com a manutenção da casa, fazendo algum concerto, reparação, cortar grama, lavar o carro, não conseguirá adquirir o mínimo de preparo para viver uma vida independente.

Alguns pais fazem de tudo por seus filhos e pensam que isso os está ajudando, muito pelo contrário, isso está preparando eles para viver uma vida dependente de você ou de quem eles escolherem se casar, se isso acontecer.

Já viu daqueles homens que casam e não sabem o mínimo sobre organização, limpeza, e nem ao menos sabem fritar ovos? Esses homens foram super protegidos por seus pais e não desenvolveram habilidade alguma que os prepararam para a vida adulta. A mesma coisa passa com moças jovens que se casam e não sabem fazer absolutamente nada e sofrem muito para aprenderem, e muitas vezes não tomam iniciativa para aprender e se tornam mulheres frustadas consigo mesmas.

A melhor maneira de prevenir que isso aconteça é prepará-los hoje mesmo. É dar início hoje mesmo na inclusão de tarefas na rotina diária de seu filho, para que ela aprenda ter responsabilidade e independência.

## ESCOLHA DA CARREIRA

Um artigo antes compartilhado no primeiro capítulo, entitulado "Porque a família é importante?", publicado no site Escola da Inteligência também fala da importância da família na vida profissional de um filho:

Um importante viés no qual a família exerce muita influência é na escolha da profissão. O momento de escolher o curso superior é decisivo para o sucesso do indivíduo, tanto na sua busca pessoal por felicidade e realização quanto pelo desejo que o jovem tem de contribuir para a melhoria do mundo e da vida em sociedade.

O jovem vê-se, muitas vezes, perdido entre o desejo dos pais de que ele siga a mesma carreira de alguém da família ou a expectativa da sociedade em valorizar determinadas profissões em detrimento de outras.

Por isso, educar os filhos para exercerem determinadas profissões pode ser bastante frustrante para a família ou para o próprio jovem. Isso porque a escolha, embora possa ser orientada por familiares e até amigos ou profissionais, é absolutamente pessoal. Ser filho de advogado, por exemplo, não é condição que obrigue a cursar Direito.

O jovem necessita contar com o apoio da família nesse momento tão decisivo em sua vida. Sem esse apoio, a escolha torna-se um momento de sofrimento e exaustão emocional.

A família é o ambiente em que a criança conhece regras de convivência e se prepara emocionalmente para as adversidades do mundo exterior. Nesse longo processo de aprendizado, há todo um esforço em cuidar, amparar, acolher os filhos para que se sintam seguros quando chegar a hora de deixar o "ninho".

Resta, portanto, enfatizar que o tempo e o espaço dedicados à criação e à formação das crianças pela família exigem atenção, cuidado e dedicação. Crescendo em um ambiente sadio e estimulante, habilidades essenciais para a autonomia, felicidade e sucesso são desenvolvidas na criança.

## PONTOS PARA SEREM FIXADOS – CAPITULO 10

1 – Cada um chega a maturidade em idades diferentes.

2 – Prepare seu filho para a vida adulta.

3 – Não tenha medo de dizer Missão Cumprida!

## EXERCÍCIO

Siga buscando informações e investindo em tempo e ensinamentos.

## ANOTAÇÕES

_____

_____

_____

_____

_____

_____

_____

_____

_____

_____

_____

_____

_____

_____

_____

_____

_____

## PALAVRA FINAL

Existem filhos perfeitos? Não! Pois somos humanos e estamos sujeitos a errar. Vivemos fases, dificuldades, traumas, mudanças, perdas e tantas outras situações inesperadas que podem nos afetar ou causar emoções desconfortáveis. Por isso, precisamos estar preparados, para sabermos lidar com situações que venham acontecer para que não sejamos pegos de surpresa.

Tudo em nossas vidas exige preparo, seja isso na área emocional, familiar, financeira ou profissional. Não existe resultado sem preparo e sem investimento.

Mas muitas vezes, quando diz respeito aos nossos filhos nós não estamos acostumados a recorrer a ajuda, ou ao menos falar sobre o problema, nós achamos que o tempo pode resolver tudo, e que a fase difícil vai passar.

Sim, eu creio que fases vem e vão. Mas o tempo por si próprio não é suficiente para consertar as coisas; junto com o tempo precisa vir a intenção e a ação.

Então, seja intencional com sua família, com seus filhos, não faça vista grossa, não deixe para depois.

Você está criando um indivíduo para o mundo e o seu papel também está ligado à responsabilidade social. Você tem uma grande jornada pela frente, e ela pode não ser fácil, mas eu te asseguro, ela não é impossível!

Parabéns por investir nesse material. Já é o início. Siga buscando informações sobre criação de filhos, quanto mais informação você obtiver, mais conseguirá desenvolver com sucesso essa tarefa de criar filhos.

E saiba, você consegue! Eu acredito que sim!

# BIBLIOGRAFIA

• **Referência Bíblica,** Marcos 7:21.

• **As 5 linguagens do Amor por Gary Chapman.**

• **Fases do desenvolvimento emocional de uma criança por Jessica Bianchie,** 26 de abril de 2019.

## CONHEÇA A AUTORA

Ellem Possmozer é formada em psicologia, e obteve seu diploma em mestrado pela Southern New Hampshire University no ano de 2018.

Ela atende como terapeuta clínica na área infantil, idade da adolescência e familiar na região norte de Boston onde vive com seus dois filhos Kevin e Kaleb.

Em seus atendimentos terapêuticos ela tem desenvolvido um trabalho intensivo com crianças que já sofreram abuso físico e emocional.

Tem trabalhado também juntamente com psiquiatras em hospitais e escolas.

Seu trabalho se consiste em desenvolver o autoconhecimento e desenvolvimento pessoal e tratamento de transtornos psicológicos e emocionais como ansiedade, tristeza profunda e depressão, transtorno bipolar, crises existenciais e de identidade sexual, fobia e síndrome do pânico, dificuldades de relacionamentos interpessoais e de casais, estresse pós-traumático, ciúmes excessivos, sintomas obsessivos, compulsivos e outros.

## CONHEÇA OS DIFERENTES TRATAMENTOS E INTERVENÇÕES QUE SÃO OFERECIDOS EM PSICOTERAPIA:

### TERAPIA INDIVIDUAL

A terapia individual é um processo terapêutico que vai além de amenizar sintomas. Quer estejam enfrentando depressão, ansiedade, perdas significativas, abuso, trauma, divórcio, comportamento autodestrutivo ou problemas difíceis na dinâmica familiar, a psicoterapia oferece aos pacientes a oportunidade de visualizar seus pensamentos e atitudes sob uma perspectiva diferente e com mais clareza. No contexto de um ambiente emocional seguro e numa relação de confiança, os clientes encontram a força necessária para liberar-se emocionalmente, atingindo assim, um maior grau de satisfação pessoal.

### Áreas de Intervensão:

Síndrome do Pânico, Distúrbio de Ansiedade, Depressão Unipolar e Bipolar, Transtornos Alimentares, Controle de Agressividade, Atenção e Impulsividade, Dificuldades de Aprendizagem, Dificuldades de Adolescência, Problemas de Relacionamento, Problemas Sexuais, Assuntos Profissionais, Planejamento de Vida.

### TERAPIA COGNITIVA E COMPORTAMENTAL

Essa terapia é utilizada para tratar diversos transtornos mentais de forma eficiente. Seu objetivo principal é identificar padrões de comportamento, pensamento, crenças e hábitos que estão na origem dos problemas, indicando, a partir disso, técnicas para alterar essas percepções de forma positiva. A TCC se destina tanto ao tratamento dos diferentes transtornos psicológicos e emocionais como a depressão, ansiedade, transtornos psicossomáticos, transtornos alimentares, fobias, traumas, dependência química, entre outros. Além disso, também trata dificuldades nos relacionamentos, escolhas profissionais, luto, separações, perdas, estresse, dificuldades de aprendizagem, desenvolvimento pessoal e muitos outros. Neste tipo de terapia, o terapeuta buscará identificar os problemas do paciente, servindo de guia para a mudança dos padrões de pensamento disfuncionais.

## TERAPIA INFANTIL E FAMILIAR

Psicoterapia individual e em grupo
Atendimento para crianças a partir de 5 anos de idade que apresentam dificuldades de diversas ordens e diagnósticos, tais como: hiperatividade, desatenção, dificuldade de socialização, limites e de aprendizado, depressão, ansiedade, autismo, etc.

### Áreas de Intervensão:

Dificuldades de relacionamento (pais-filho), Sintomas depressivos (tristeza e apatia), Hiperatividade e défice de atenção, Distúrbios alimentares (recusa alimentar, anorexia e bulimia), Insucesso escolar, Aconselhamento parental, Dislexia, Avaliação psicológica, Dificuldades no sono (pesadelos e insonias), Ansiedade e medos, Bullying, Separação dos pais, Birras e problemas de comportamento, Problemas nas relações familiares.

A terapia individual atua como uma intervenção no desenvolvimento cognitivo, afetivo e social em crianças. Esse atendimento é realizado com a criança e o terapeuta. A terapia em grupo já é conduzida em grupo de 3 ou mais crianças para que esta desenvolva habilidades socais e emocionais; e possa se relacionar melhor uma com a outra.

### ATENDIMENTO ÀS ESCOLAS

Quando a criança apresenta dificuldades que se referem ao ambiente escolar (aprendizagem e/ou socialização), são realizadas visitas a campo. Estas devem ser previamente agendadas e têm a finalidade de contribuir para o processo avaliativo e/ou psicoterapêuticoc.

### ORIENTAÇÃO FAMILIAR

Terapia em família ou somente com os pais para receberem orientação de educação dos filhos. O atendimento trabalha terapeuticamente as dificuldades que enfrentam no cenário familiar e às vivências entre pais e filhos. A terapia fornece suporte emocional aos pais, aos filhos, e orienta os pais em métodos e estratégias que facilitam a organização de rotina, de disciplina, e utilização de tempo.

**FAÇA O DOWNLOAD GRATUITO DO EBOOK
NO SITE ELLEMPOSSMOZER.COM**

**SAÚDE MENTAL À PROVA DE CRISE**

Ellem Possmozer escreveu esse E-book durante a pandemia do Covid-19, no mês de maio de 2020 devida a grande procura por psicoterapia durante o período de pico da pandemia na cidade Boston, Massachusetts, onde Ellem fornece atendimentos.

O e-book teve um grande alcance e repercussão e pode ajudar muitas pessoas que estavam sofrendo de ansiedade e depressão.

## PALAVRA DA AUTORA

"Minhão missão é promover o equilíbrio psíquico e agir tera-peuticamente, identificando, diagnosticando e ajudando a recupe-rar e fortalecer de forma rápida e eficaz a qualidade da saúde emo-cional e psíquica dos meus pacientes. Através de recursos, técnicas e ações aceitas pela ciência, de forma ética e comprometida com a prática clínica adequada, com a valorização das relações humanas e cientes de sua responsabilidade social enquanto agentes facilita-dores de mudanças."

## CONHEÇA A AUTORA EM SUAS REDES SOCIAIS

f ellem.possmozer

ellempossmozer

youtube.com/channel/UC67r428sxDnPygQlaPQ3mFg

ellempossmozer

ellempossmozer/boards

**www.ellempossmozer.com**

Made in the USA
Columbia, SC
04 May 2021